SAMMLUNG METZLER

REALIEN ZUR LITERATUR

ABT. D:

LITERATURGESCHICHTE

DAGMAR BARNOUW

Elias Canetti

MCMLXXIX

J. B. METZLERSCHE VERLAGSBUCHHANDLUNG

STUTTGART

CIP-Kurztitelaufnahme der Deutschen Bibliothek

Barnouw, Dagmar:
Elias Canetti / Dagmar Barnouw. – Stuttgart:
Metzler, 1979.
    (Sammlung Metzler; M 180: **Abt. D,** Literaturgeschichte)
    ISBN 978-3-476-10180-8

ISBN 978-3-476-10180-8
ISBN 978-3-476-03886-9 (eBook)
DOI 10.1007/978-3-476-03886-9

M 180

INHALT

VORBEMERKUNG

Dieser Versuch einer Einführung in das Werk Elias Canettis, soweit es bisher vorliegt, muß an den Leser eine bestimmte Anforderung stellen: nämlich die zur Bereitschaft, der Untersuchung von Canettis Texten im Zusammenhang der zeitgenössischen sozialpsychologischen und anthropologischen Diskussionen zu folgen. Nur dann zeigen Canettis Texte, die von ihrem Autor als möglichst offen intendiert sind, ihren poentiellen Bedeutungsreichtum. Ich habe mich bemüht, diesen Kontext funktional, jedoch mit kritischer Vorsicht herzustellen und gleichzeitig mögliche Vorbehalte gegenüber einer allzu weitgehenden Öffnung der Fachgrenzen ernstgenommen. Die dabei gewonnene anregende Erweiterung an Information und Perspektive hat sich, so hoffe ich, an den diskutierten Texten Canettis bewährt.

Elias Canetti hat mir in mehreren ausführlichen Gesprächen sowie in Briefen Erklärungen und Informationen gegeben, die deshalb so nützlich waren, weil er einen kritischen Gesprächs- und Briefpartner voraussetzte und wichtig nahm. Ich danke ihm hier für seine Großzügigkeit und Offenheit. Zu danken habe ich Fritz Arnold vom Hanser Verlag für seine immer bereite, prompte Hilfe bei Informationswünschen, die aus den entferntesten Winkeln der USA zu ihm kamen, Uwe Schweikert vom Metzler Verlag für die Anregung, eine solche Einführung zu schreiben und seine sorgfältige, außerordentlich verständnisvolle Redigierung des Manuskripts. Wie immer hat mein Mann Jeffrey ebenso vernünftig wie einfallsreich beim Denken und Kochen geholfen.

D. B.

VI

25. Juli 1905	Elias Canetti wird in Rustschuk, Bulgarien als ältester Sohn von Mathilde und Jacques Canetti geboren.
Juni 1911	Mit den Eltern und zwei jüngeren Brüdern übersiedelt er nach England. Er geht in Manchester zur Schule und liest seine ersten Bücher auf Englisch.
8. Oktober 1911	Plötzlicher Tod des Vaters. Ausbruch des Balkankriegs.
Sommer 1913	Aufenthalt in Lausanne; die Mutter bringt dem Achtjährigen Deutsch bei.
Herbst 1913	Mathilde Canetti und ihre drei Söhne leben in Wien; Elias wird in die dritte Volksschulklasse aufgenommen.
Sommer 1914	Der Junge erlebt die Begeisterung der Massen auf den Straßen Wiens bei Ausbruch des Ersten Weltkriegs.
Sommer 1916	Die Familie übersiedelt nach der Schweiz. Das Kind ist tief beeindruckt von einem Land, das sich aus dem Krieg herausgehalten hat.
1917–1921	Besuch des Realgymnasiums der Kantonschule Zürich; der Junge ist beeindruckt von den ausgezeichneten Lehrern; der Erwachsene erinnert sich an diese Zeit als eine sehr glückliche.
Herbst 1921–1924	Auf Drängen der Mutter verläßt Canetti das Züricher ›Paradies‹ und geht nach Frankfurt/M., wo er die Unruhen der Nachkriegszeit, die Ermordung Rathenaus, die Inflation erfährt. Besuch des Köhler-Realgymnasiums. Abitur.
1924	Beginn der Studien an der Universität Wien; das Hauptfach ist Chemie.
April 1924	Erster Besuch einer Vorlesung von Karl Kraus; Canetti begegnet hier Veza Taubner-Calderon, die später seine Frau wird.
1925	Erster Gedanke an ein Werk über die Masse.

Frühjahr 1927	Canetti mietet ein Zimmer in Hacking mit Blick auf ein Spielfeld und den Komplex der Nervenheilanstalt Steinhof.
15. Juli 1927	Brand des Justizpalastes in Wien; er macht wichtige Beobachtungen über Massenverhalten.
Sommer 1928	Erster Besuch in Berlin; er begegnet vielen Künstlern und Intellektuellen, darunter George Grosz, Bert Brecht und Isaak Babel.
Frühjahr 1929	Promotion zum Dr. phil. nat. an der Universität Wien.
Sommer 1929	Zweiter Besuch in Berlin. Als Brotarbeit übersetzt Canetti Bücher von Upton Sinclair für den Malik-Verlag.
1929/30	Rückkehr nach Wien. Er entwirft eine Reihe von Romanen als »Comédie Humaine an Irren«.
Herbst 1930 bis Herbst 1931	Angespannte Arbeit an dem Roman »Kant fängt Feuer«, später »Die Blendung«. Abschluß des Romans.
Winter 1931–1932	Er arbeitet an dem Drama »Hochzeit«, das der Theater-Verlag von S. Fischer 1932 übernimmt.
Herbst 1932	Begegnung mit Hermann Broch.
Sommer 1933	Teilnahme an Hermann Scherchens Tagung für Moderne Musik in Straßburg.
1933	Freundschaft mit Abraham Sonne. Er begegnet Fritz Wotruba, Robert Musil, Georg Merkel, Alban Berg.
Herbst 1933	Canetti arbeitet an der »Komödie der Eitelkeit«; besucht die Mutter und die Brüder in Paris.
Januar 1934	»Komödie der Eitelkeit« ist vollendet.
Februar 1934	Bürgerkrieg in Wien. Canetti und Veza Taubner-Calderon heiraten.
1935	Umzug in die Himmelstraße 30 nach Grinzig.
Herbst 1935	»Die Blendung« erscheint.
1936	Rede zu Hermann Brochs 50. Geburtstag.

Frühjahr 1937	»Die Blendung« erscheint in tschechischer Übersetzung; Canetti besucht aus diesem Anlaß Prag.
15. Juni 1937	Die Mutter stirbt in Paris; Wiederaufnahme des nie vollendeten Romans über den »Tod-Feind«.
März 1938	Einmarsch Hitlers in Wien.
November 1938	Canetti und seine Frau verlassen Wien und gehen zunächst nach Paris.
Januar 1939	Niederlassung in London; selbstauferlegtes Verbot der Arbeit an fiktionalen oder dramatischen Texten; Canetti konzentriert sich von nun an auf die Arbeit an »Masse und Macht«.
Anfang 1942	Er beginnt mit der täglichen Niederschrift von »Aufzeichnungen« als Gegengewicht zur Arbeit an »Masse und Macht«.
1943–1945	Die Historikerin C. V. Wedgwood übersetzt mit außerordentlicher Sorgfalt »Die Blendung« ins Englische.
1946	»Auto-da-Fe« (»Die Blendung«) erscheint in England. Er begegnet Arthur Waley.
1947	»The Tower of Babel« (»Die Blendung«) erscheint in den USA.
1948	Der Willi Weismann Verlag in München veröffentlicht »Die Blendung«; der Roman wird nicht beachtet.
1949	»La Tour de Babel« (»Die Blendung«, übersetzt von Paule Arhex) erscheint in Frankreich und wird mit dem »Prix International« ausgezeichnet.
1950	»Komödie der Eitelkeit« erscheint bei Willi Weismann in München, wird aber nicht mehr ausgeliefert.
1952	Niederschrift des Dramas »Die Befristeten«.
Frühjahr 1954	Reise nach Marrakesch. Die Aufzeichnungen darüber werden in den Monaten nach der Rückkehr niedergeschrieben, aber erst 1968 zur Veröffentlichung freigegeben.

1955	Die Monographie über den Bildhauer Fritz Wotruba erscheint in deutscher und englischer Ausgabe bei Brüder Rosenbaum, Wien.
1956	Uraufführung des Dramas »Die Befristeten« unter dem Titel »The Numbered« im Playhouse Oxford.
1957	Reise in die Provence.
1959	Reise nach Italien.
1960	»Masse und Macht« erscheint im Claassen Verlag, Hamburg.
1961	Reise nach Griechenland.
1962/63	»Crowds and Power« (»Masse und Macht«, übersetzt von Carol Stewart) erscheint in London und New York.
Mai 1963	Veza Canetti stirbt. Seither häufige Aufenthalte bei seinem Bruder Georges in Paris.
Herbst 1963	»Die Blendung« erscheint im Carl Hanser Verlag, München, der seitdem die Werke Canettis betreut. Begegnung mit H. G. Göpfert.
1965	Uraufführung der »Komödie der Eitelkeit« und der »Hochzeit« in Braunschweig. Das Publikum reagiert mit Protesten; Theaterskandal bei der »Hochzeit«.
August 1971	Er beginnt mit der Arbeit an der Autobiographie »Die gerettete Zunge«. Der Bruder Georges stirbt in Paris.
1971	Heirat mit Hera Buschor.
1972	Die Tochter Johanna wird geboren. Verleihung des Büchner-Preises.
1976	Münchner Rede »Der Beruf des Dichters«.
1978	»Komödie der Eitelkeit« wird von Hans Hollmann mit großem Erfolg in Basel aufgeführt.

Blendung	=	*Die Blendung*. München: Hanser 1974 (Sonderausgabe)
CL	=	*Canetti Lesen*. Hgg Herbert Göpfert. München: Hanser 1975 (= Reihe Hanser 188)
Dramen	=	*Dramen*. München: Deutscher Taschenbuch Verlag 1971 (= Sonderreihe dtv 102)
GW	=	*Das Gewissen der Worte*. München: Hanser ²1976
GZ	=	*Die gerettete Zunge*. München: Hanser ³1977
GeZu	=	*Die gespaltene Zukunft*. München: Hanser 1972 (= Reihe Hanser 111)
MM	=	*Masse und Macht*. München: Hanser o. J. [1973] (= Reihe Hanser 124 und 125)
Ohrenzeuge	=	*Der Ohrenzeuge. Fünfzig Charaktere*. München: Hanser 1974
PM	=	*Die Provinz des Menschen*. München: Hanser 1973
Stimmen	=	*Die Stimmen von Marrakesch*. München: Hanser 1976 (= Reihe Hanser 1)

Die Sekundärliteratur wird entsprechend ihrer Durchnumerierung im Literaturverzeichnis (s. S. 124 ff.) im Text nur abgekürzt zitiert.

> »Das Fließen zwischen Indi-
> viduen und Typen ist ein
> eigentliches Anliegen des
> Dichters.«
>
> (*Die gerettete Zunge*, S. 211)

Alle Texte Canettis sind auf gleichzeitig distanzierte und intime Weise autobiographisch. Die Spannung zwischen Distanz und Intimität variiert; sie ist am stärksten in seinem bisher letzten veröffentlichten Text, *Die gerettete Zunge. Geschichte einer Jugend.* Sehr erfolgreich bei einem großen Lese-Publikum, erregte er bei einigen Kritikern Befremden wegen der auffälligen Gelassenheit der Erinnerungsarbeit (Nr. I, 31; I, 37). Die Gelassenheit, ein Genügen an dem, was sich ohne allzuviel Zwang – noch, wieder – aufdecken läßt, beruht auf einem sehr spezifischen Begriff des Selbst: er habe versucht, sich nicht einzumischen, sagte Canetti kürzlich im Gespräch. (Aug. 1978 zur Verf.) In den Aufzeichnungen heißt es 1943: »Ich möchte einfach bleiben, um die vielen Figuren, aus denen ich bestehe, nicht durcheinander zu bringen.« (PM, 64) Die komplexe Struktur des Selbst ist ein Resultat vieler in der Zeit ablaufender Verwandlungen. Das Kind, dessen Welt sich rekonstituiert, ist deutlich in dem Selbst des über Siebzigjährigen enthalten, aber als eine ›andere‹, individuelle Stimme.

Im Prozeß der Rekonstitution der Jugend wandelt sich das Kind als das erzählende Selbst. Die Stadien der Verwandlung folgen einander in dem natürlichen Rhythmus des sich immer reicher entwickelnden Bewußtseins. Sicherlich werden gewisse sehr wichtige Erfahrungen in Hinblick auf ihre Bedeutung für spätere Problemkomplexe des Werkes unterstrichen: das Trauma des frühen Todes des Vaters, die Familien-Dynamik als sinnfälligste Darstellung von Macht-Beziehungen, die ›teuflische‹ Vitalität des Großvaters, seine auch im hohen Alter erhaltene Fähigkeit, das Selbst als durch Austausch mit dem Anderen, Spiegelung im Anderen konstituiert zu sehen; seine Fähigkeit, den Anderen im Gespräch zu bezaubern und sich selbst an dieser Bezauberung zu beleben als Einsicht in die Lebensnotwendigkeit der Verwandlungsfähigkeit, in die Verwandlung als Serum gegen frühzeitige Erstarrung, gegen den Tod. Aber solches Unterstreichen geschieht sehr behutsam; es stört nicht die vorwärts gerichtete Perspektive.

Das Kind lernt von seiner Umgebung, ohne zu wissen, wohin ihn dieses Abenteuer führen wird, aber in dem Bewußtsein, daß es ein stolz zu bestehendes Abenteuer und in jeder Einzelheit wichtig ist. Die Breite, die visuelle Schärfe, das gleichsam Körperliche der Erinnerungen rührt daher. Körperlich, wörtlich sind all die Familienmitglieder in das heranwachsende Kind eingegangen, ihre Lebendigkeit, ihre vielfältigen Versuche so gut zu überleben wie möglich. Der Familienstolz der Mutter, vom Kind nicht unkritisch aufgenommen, begründet doch den Menschenstolz des Dichters, auch seine intensive intime Bindung an vor ihm Lebende, an die intellektuellen Ahnen.

Die gerettete Zunge beginnt mit den frühesten Erinnerungen an das Leben in Rustschuk, Bulgarien, wo Canetti 1905 geboren wurde; das Buch endet mit dem Entschluß der Mutter, den intellektuell und emotional ebenso frühreifen wie unerfahrenen Sechzehnjährigen aus der Idylle, die er sich in Zürich geschaffen hatte, herauszureißen und in die Wirklichkeit zu stoßen; das war für die Mutter das von Kriegs- und Nachkriegserfahrung verwüstete Deutschland: »Es ist wahr, daß ich, wie der früheste Mensch, durch die Vertreibung aus dem Paradies erst entstand.« Zürich ist das letzte Stadium des Paradieses, des voranalytischen Einsseins mit einer räumlich und zeitlich sehr reich strukturierten Welt sozialer Beziehungen. Am Beginn stand die Drohung der abgeschnittenen Zunge – um das Kind zum Verschweigen eines Vorfalls zu zwingen. Aber gegen die Drohung – und die sie begleitende Angst – hat das Kind sich die Zunge, die Sprache, gerettet, um die vielfältigen Formen, Farben, Gerüche dieser Welt, vor allem ihre Stimmen aufzuzeichnen. Rutschuk war eine wunderbare Stadt, weil dort Menschen der verschiedensten Herkunft lebten und man an einem Tag sieben oder acht Sprachen hören konnte. (G. Z., S. 10) »Alles was ich später erlebt habe, war in Rustschuk schon einmal geschehen.« (G. Z., S. 11) Es wird um seiner selbst willen erzählt *und* als Beleg für soziale Grunderfahrungen wie sie Canetti später zentral beschäftigen sollten: Tod und Tötung, Macht, Formen der Masse, Verwandlung. Mit Rustschuk ist auch der Kampf um das Medium verbunden, in dem diese Erfahrungen bewahrt und mitgeteilt werden können, der Kampf um Sprache und Schrift: der Fünfjährige hätte fast einen Mord an der um vier Jahre älteren Kusine begangen, weil er sich vom Besitz der Schrift – vom Schulbesuch – ausgeschlossen fühlte. Die entsetzten Verwandten, sie umstehen das Ereignis wie ein griechischer Chor, sind von der Schlechtigkeit und Gefährlichkeit des Kindes überzeugt. Und obwohl das erinnernde Selbst nicht in die tieferen Schichten der Handlung und der Motivation einzudringen versucht, ist deren nicht zu überschätzende Wichtigkeit doch deutlich herausgehoben. Das ist in noch größerem Maße der Fall bei der Erzählung der durch die Heimkunft des Vaters bewirkten ›Wiedergeburt‹ des Kindes, das von der auf Rache bedachten Kusine in einen Kessel mit kochendem Wasser geworfen worden war. (G. Z., S. 49) Es sind dies Ereignisse, die der Erzähler für sich und keinesfalls nur für sich selbst heraushebt. Sie gehören zu seiner einmaligen Lebensgeschichte; sie sind auch – Tötung und Wiedergeburt – Substanz aller menschlichen Grunderfahrung. In *Masse und Macht* hat Canetti mit genau dieser Direktheit bestimmte Mythen erzählt.

1911 ziehen die Eltern nach Manchester um, nach einem halbjährigen erbitterten Kampf mit dem patriarchalischen Großvater, in den auch das Kind einbezogen wird. Der Vater verspricht dem Kind ein anderes Verhältnis zwischen Sprache und Handlung: »Dort [in England] sind alle Leute ehrlich, ... wenn ein Mann etwas sagt, tut er es auch, er braucht einem gar nicht die Hand darauf zu geben.« Die Verfluchung des Vaters durch den Großvater, die mit dem bald darauf und sehr plötzlich erfolgenden Tod des Vaters in einem ebenso deutlichen wie erschreckenden Zusammenhang steht, ist als magischer Sprech-Akt von den kommunikativen Sprech-Akten, in denen das Kind und sein Vater zusammenkamen, um Welten getrennt. Sie läßt in dem Kind einen nie wieder auszulöschen-den Haß gegen den Tod und Furcht vor der Macht des Befehls zurück, den es in dessen reinster Form, als Todesbefehl, so erschütternd erlebt hatte. Das Kind erlebt aber auch, daß dieser Befehl, der Fluch, vom Großvater nie verwunden wurde. Die Ähnlichkeit zwischen ihm selbst und dem Großvater – nie eigens erwähnt, aber vom Leser deutlich wahrnehmbar – nimmt auch die Parallelität der beiden Mordversuche in sich auf. Für den Großvater, der sich allein gegen eine schwierige, feindliche Umwelt durchsetzen mußte und seine übergroße Be-wunderung der Macht daher entwickelt hat, gibt es keinen Weg aus dieser Verstrickung in den Befehl, der die Verletzung des Rechts des anderen auf Anerkennung seiner besonderen Existenz bedeutet: durch Befehle hat er dem Vater die Mög-lichkeit einer sinnvollen Tätigkeit genommen, ihn in den Kauf-mannsberuf gezwungen; das war die eigentliche Substanz des

Fluchs. Für den Enkel gibt es diesen Weg: in den lebenslang
währenden verbalen Angriff auf Macht, Befehl, Tod.

Am Vater liebte das Kind vor allem die Offenheit für den
anderen, für dessen (ihm selbst noch verborgene) Möglichkeiten. Auf dem letzten Spaziergang – so jedenfalls hat es die
Erinnerung bewahrt – antwortet das Kind auf die Frage des
Vaters, was es gern werden möchte spontan: »Ein Doktor!«
Die Wahl ist wahrscheinlich bestimmt durch die Bewunderung
des Kindes für die Macht der Befehle (Rezepte, Ratschläge)
der bekannten medizinischen Spezialisten in Wien, die von
Mitgliedern seiner Familie aufgesucht wurden und die, zitiert
und unbedingt ernstgenommen, das Leben der Verwandten, wie
es sich vor den Augen des Kindes abspielte, so einschneidend
veränderten.

Die Antwort des Vaters hat sich dem Kind für immer eingeprägt, und es wird sie als Schutz gegen Ansprüche der Familie
benutzen: »›Du wirst werden, was du gern willst‹, sagte er
mit einer Zärtlichkeit, die so groß war, daß wir beide stehen
blieben.« (G. Z., S. 62) Der eigene Wille und der Entwicklungs-
prozeß bedingen einander; für das Kind soll die unausbleibliche
Auseinandersetzung mit der Familie ohne Trauma vor sich
gehen können.

Die emotionale und intellektuelle Identifizierung mit dem
Vater ist durch dessen plötzlichen Tod – wahrscheinlich *die*
zentrale Erfahrung Canettis – auf eine für sein späteres Werk
außerordentlich wichtige Weise verstärkt und modifiziert worden. Einerseits ist der Vater ein Opfer der Macht: der Todesdrohung des Großvaters, im übertragenen Sinne ein Opfer
Napoleons, des mächtigen Herrschers. Das Kind hatte vom
Vater gerade ein Buch über Napoleon bekommen, das es richtig, d. h. kritisch lesen sollte. Der Vater wollte das Kind in
der Verständnis fördernden Distanz der historischen Darstellung mit der Macht konfrontieren: »Von allen Opfern Napoleons war für mich das größte und furchtbarste mein Vater.«
(G. Z., S. 61) Ein Aspekt davon ist die vom Kind hergestellte
Verbindung zwischen dem tödlichen Herzschlag und der Erregung des Vaters über die Kriegserklärung Montenegros an die
Türkei, die den gefürchteten Ausbruch des Balkankrieges bedeutete: »Seit damals hat es in der Welt Krieg gegeben und
jeder, wo immer er war, und im Bewußtsein meiner Umgebung
vielleicht kaum gegenwärtig, traf mich mit der Kraft jenes
frühen Verlustes und beschäftigte mich als das *Persönlichste*,
das mir geschehen konnte.« (G. Z., S. 86) In diesem Zusammen-

hang tritt das Kind nicht an die Stelle des Vaters, der sowohl verwundbar als auch bewundernswürdig erscheint – eine Verbindung, die Canettis Sicht und Bewertung sozialer Übereinkunft stark beeinflussen sollte. Es fühlt sich keinesfalls vom Vater verlassen, denn es versteht dessen Ohnmacht und trauert um ihn.

Die Stelle des Vaters vertritt das Kind aber im Verhältnis zur Mutter, die es in den ersten Wochen darnach vor dem Selbstmord schützt, sie recht gewaltsam davor zurückreißt. So wird die Mutter für das Kind wichtig, die bis zum Tode des Vaters keine große Rolle in seinem Leben gespielt hatte. Die Geschichte der Jugend nach dem Tode des Vaters könnte als die Geschichte einer anti-ödipalen Bindung gelesen werden. Aber das würde eine unverzeihliche Reduktion bedeuten, denn es kommt Canetti gerade darauf an, die Konflikte in ihrer ganzen, widersprüchlichen Dynamik vorzuführen. Mutter und Sohn sind sich sehr ähnlich in ihrer leidenschaftlichen Intelligenz, ihrem Stolz, ihrem Besitzergreifen von einander und von anderen. Beide kämpfen darum, es dem toten Vater recht zu machen: das Mann-Kind, indem es bestimmte wichtige Funktionen des Vaters bei der Mutter erfüllt – Schutz, Gesprächspartnerschaft –; die Frau, indem sie dem Gedächtnis des Toten treu bleibt – aber als Person, als emotional-intellektuelle Ganzheit. In diese Konflikt-Dynamik ist eingelagert das Erlernen des Deutschen, der Sprache, in der die Eltern sich ihre eigene Welt gegen das ihnen feindliche Rustschuk aufbauten. Das Kind hatte sie richtig und fasziniert als ein gegen den Familialismus, die Herrschaftsansprüche der Familie gerichtetes Zeichensystem verstanden. In England lagerte sich das Englische vor diesen sehr komplexen Erfahrungsbereich; erst mit der Übersiedlung nach Wien, 1913, bringt ihm die Mutter ebenso gewaltsam wie erfolgreich die Sprache bei, die bisher für ihn *die* Sprache der liebevollsten, intimsten, gelöstesten Verständigung gewesen war: »So zwang sie mich in kürzester Zeit zu einer Leistung, die über die Kräfte jedes Kindes ging, und daß es ihr gelang, hat die tiefere Natur meines Deutsch bestimmt, es war eine spät und unter wahrhaftigen Schmerzen eingepflanzte Muttersprache.« (G. Z., S. 102) Daß sich Canetti in seinem gesamten Wesen kaum jemals der Ironie bedient, hat mit diesem Verhältnis zur ›Muttersprache‹ zu tun. Es ist eine Sprache, die für viele Stimmen Raum hat, die aber all diese Stimmen, aus denen die ›eigene‹ sich jeweils –

auf Zeit, im Wandel begriffen – herausschält, auf eine Weise ernst nimmt, die die ironische Distanz(ierung) ausschließt.

Die Meisterung der Sprache ist Leistung und damit Identifikation: sie bedeutet für das Kind, daß es von der Mutter als Stellvertreter des Vaters angenommen wird. Wien war die Welt, die Vater und Mutter geteilt hatten, und die nun das Mann-Kind mit der Mutter teilt. Im Verhältnis zur Mutter scheint deutlich ein gewaltsames Element auf, das die beiden aneinander bindet; aber es ist beiden bewußt und wird durch die intensive sprachliche Existenz, in der sie sich treffen, einer möglichen pathologischen Isolierung entzogen. Wichtig ist für den Reifungsprozeß, daß das Kind die Mutter zwar unbedingt als Autorität akzeptiert, aber gleichzeitig ihre Versuche beobachtet (und in zunehmendem Maße versteht), die ihr vorgegebene Rolle als bürgerliche jüdische Frau und Mutter auszuweiten und zuweilen zu sprengen. Sie zwingt ihm Gesetze auf; aber durch ihr eigenes Verhalten legt sie den Grund für seine spätere direkte und konsequente Befragung der Kontrolle sozialer Verhaltensweisen.

Die Erwartungen, die die Mutter an das Kind stellt, sind äußerst widersprüchlich. Einerseits lehrt sie ihn emphatisch die Wichtigkeit von literarischer Bildung gegenüber der des Besitzes. Die Übernahme kulturell geformter, gültig artikulierter sozial-psychologischer Normen gibt, so glaubt sie und so macht sie das Kind glauben, die notwendige Sicherheit der intellektuellen Überlegenheit in einer Welt der sinnfälligen Übermacht des Geldes. Das war auch – weniger emphatisch vorgetragen – die Position des Vaters. Andererseits bewundert sie den vom Kind gehaßten, geschäftlich sehr erfolgreichen Onkel Salomon, der ihr Kapital verwaltet. Die Autorität, mit der sie den Sechzehnjährigen aus dem Züricher Paradies verstößt, gründet auf der Erfahrung von Tod und Geld: sie kommt aus einem Sanatorium, wo sie mit Schwerkranken und Sterbenden gelebt hat, und sie wirft dem Jungen seinen, wie sie meint, völlig unbegründeten Hochmut gegen den Onkel vor, von dem er sich habe aushalten lassen. Sie lehrt ihn Feindschaft gegen bestimmte gesellschaftliche Folgen der Geld-Herrschaft und unbedingten Haß gegen den Krieg, das Hinnehmen des Todes; aber sie zwingt ihn zur Erfahrung dieser Phänomene: er soll an der Realität des von Kriegs- und Nachkriegswirren zerrissenen Deutschland lernen.

Das Kind liebt die Mutter als soziales, als intellektuelles Wesen; es sieht sie im Geflecht sozialer Beziehungen und intellektueller Interessen. Gleiches hatte ihm auch der Vater bedeutet, und die außerordentliche Eifersucht des Kindes auf die Mutter kann auch darauf zurückgeführt werden, daß es die Ersetzung des Vaters nicht zuletzt darin fürchtet. Der Bemerkung der Mutter: »Der Vater hätte gern gehabt, daß du ein Arzt wirst«, stellt der Junge leidenschaftlich die Erinnerung an jenen letzten Spaziergang mit dem Vater entgegen. (G. Z., S. 174 f.) An dem Arzt, der zu der Zeit um die Mutter wirbt, stoßen ihn gerade dessen recht subtile Versuche ab, das Kind zu beeinflussen, sich ihm als Rollen-Vorbild aufzudrängen. (G. Z., S. 182) Der Vater hatte das Kind einerseits direkt geleitet, indem er es durch von ihm ausgesuchtes Lektüreangebot interessierte und in eine bestimmte, von ihm gewünschte Richtung wies; andererseits lag ihm nichts ferner als sich selbst dem Kind als Modell darzustellen. Das taten nur der Großvater Canetti, der Onkel Salomon und der »Herr Dozent«. Die Reaktion des Kindes auf so grundsätzlich verschiedene Weisen sozialen Verhaltens sollte sich als sehr wichtig für die Entwicklung des sozialen Empfindens des späteren Schriftstellers erweisen. Durch den »Herr Dozenten« lernte es einen Aspekt der Macht kennen: die Ausschließung des Machtlosen von lebensnotwendigen Erfahrungs-Dimensionen, in diesem Falle den Meinungen, Abneigungen, Leidenschaften der Mutter, an denen es nun keinen Anteil hat: »Wenn wir nur allein waren, ging alles was sie dachte, sagte, oder tat, wie die natürlichste Sache in mich ein. Aus den Sätzen, die sie mir zu solchen Zeiten sagte, bin ich entstanden.« (G. Z., S. 177)

Das Leben in Zürich, als die kleine Familie zunächst stark auf sich selbst verwiesen ist – die Gefahr, die durch den Bewerber drohte, ist nun endgültig abgewendet – wird erinnert als »Helligkeit«. Der Mutter fällt die ungewohnte Besorgung des Haushalts schwer, aber sie teilt sie mit den Kindern, indem sie darüber spricht: »sie hatte für alles ein Wort, und vielleicht machte es die eigentliche Helligkeit dieses Zusammenlebens damals aus, daß über alles gesprochen wurde.« (G. Z., S. 216) Schon das Kind aber wußte, daß das ›wirkliche‹ Leben der Mutter sich nicht in dieser von den Kindern geliebten Dimension erschöpfen konnte. An den Abenden liest sie, völlig versunken, vor sich auf dem Tisch den hohen Stoß der gelben Strindbergbände. Dem Kind prägte sich das Glück der physischen Zugänglichkeit des Imaginären ein: genug zu lesen. Es spart sein Taschengeld, um ihr weitere Bände zu schenken, die es selbst nicht lesen darf, von denen es nur den Titel kennt.

Das Kind gesteht der Mutter ihr eigenes Leben zu; die Lektüre ist ihm für die Zukunft aufgehoben. Es denkt nicht darüber nach – und der Erinnernde mischt sich auch hier nicht ein –, was nun diese Strindberglektüre für die junge, frühverwitwete Mutter bedeuten könnte. Dem Drängen der Verwandten gegenüber, doch wieder zu heiraten, beruft sich die Mutter auf den Sohn: »*Er will* nicht. Ich will's auch nicht.« (G. Z., S. 189 f.) Schließlich akzeptiert die Tante die Weigerung der Mutter »zu tun, was mich vernichtet hätte«. (S. 276) Eine in ihrer unbefragten Direktheit ungeheuerliche Feststellung. Diese Eifersucht richtet sich auf alle Einflüsse, die dem Kind schädlich erscheinen, wenn sie die Mutter auf spezifische Weise verändern. So leistet der Junge dem beginnenden Interesse der Mutter an der Anthroposophie Steiners erfolgreichen Widerstand: »es war, als spräche sie plötzlich in einer fremden Sprache [...] und als sie sich die Bemerkung entschlüpfen ließ, daß Rudolf Steiner etwas *Hypnotisches* habe, begann ich sie mit Fragen über ihn zu bestürmen.« (G. Z., S. 227) Das ebenso schlagende wie enthüllende Argument ist, daß er und sie doch nicht »*verschiedene* Dinge« glauben könnten. Die Mutter gibt die Steiner-Vorträge auf, teils weil sie das Fragwürdige der starken Führung durch den Vortragenden empfand, teils um der Gemeinsamkeit mit dem Sohn willen. Es ist dies eine der wenigen Stellen, an denen rückblickend kommentiert wird: Eifersucht, sehr früh ein Teil seiner Natur, habe sich immer dann gezeigt, wenn ein Mensch ihm besonders wichtig wurde, der dann darunter zu leiden hatte. Als Kind wäre er wohl sehr erstaunt gewesen, wenn ihm jemand gesagt hätte, daß er die Mutter unglücklich mache: »Sie war es ja, die mir dieses Recht auf sich gab. Sie schloß sich mir aufs engste in ihrer Einsamkeit an, weil sie niemanden kannte, der ihr gewachsen gewesen wäre.« (G. Z., S. 229) Eifersucht gibt die Kraft, um die Mutter zu kämpfen – jemand, der solchen Kampf augenscheinlich wert war. Leidenschaft und Besitzgier sind Triebfedern eines gleichsam natürlichen Konfliktes; der Bereich der Schuld bleibt in dieser Hinsicht beschränkt.

Das Ich ist ein offenes, komplexes Bündel von Reaktionen, voller Überraschungen; keinesfalls ein ausgeglichenes System mit vorhersagbaren, festgelegten Energiequellen und Energiehaushalt. Daß sich zur Mutter nach dem frühen Tod des Vaters ein besonders intensives Verhältnis herstellte, ist selbstverständlich; interessant ist für den Leser das Spezifische: »Ich war ihr darum verfallen, weil sie sich mir ganz darstellte, alle wichtigen Gedanken, die sie beschäftigten, teilte sie mir mit und die Zurückhaltung, mit der sie manches meiner Jugend wegen verdeckte, war eine scheinbare.« Die Intelligenz und Leidenschaft der Mutter waren genug, dem Jungen die Illusion einer vollständigen Selbst-Darstellung zu geben. Er hat mehr als genug zu tun, ihr gerecht zu werden und er wächst an dieser Aufgabe. Er wird nicht frühzeitig in die Rolle des Mannes gedrängt, sondern darf die des Partners einnehmen, dem sich der andere weitgehend öffnet. Fasziniert ist er von den artikulierten Schwierigkeiten einer Beziehung zwischen zwei Menschen; das ist das Gegenteil der Schuldbarmachung, der isolierenden schuld-bildenden Faszination des einen durch den anderen. Der Erzähler kann deshalb im jeweiligen Kontext gelassen sein eigenes Versagen wie auch das der Mutter erinnern; und er kann berichten, ohne den Versuch zu machen, ihr Verhältnis grundsätzlich zu analysieren, wobei aber die Grundkonflikte dennoch deutlich heraustreten. Einmal ist die Mutter so erregt von der Möglichkeit, daß ein Maler sie malen und damit unsterblich machen will, daß es dem Jungen Angst wird. Seiner Abwehr ihrer Unsterblichkeits-Gier begegnet sie mit dem leidenschaftlichen Ausbruch: »Du glaubst, ich bin verrückt. Du hast dein ganzes Leben vor dir. Mein Leben ist zu Ende. Bist du ein alter Mann, daß du mich nicht verstehst? Ist dein Großvater in dich gefahren? Er hat mich immer gehaßt. Aber dein Vater nicht, dein Vater nicht. Wäre er am Leben, er würde mich jetzt vor dir schützen.« (G. Z., S. 246) Canetti gibt keinen Kommentar über die Berechtigung dieses Vorwurfs, der doch als Stachel weitergewirkt haben muß. Das Kind übernimmt für Momente die Rolle der Mutter, streichelt und tröstet sie. Wird damit der Wunsch der Mutter nach Unsterblichkeit auf ein krankhaftes, kindisches Bedürfnis zurückgeführt? Der Vorfall ereignete sich, als die Mutter in einem angegriffenen Zustand ist. Es handelt sich jedenfalls um einen Komplex widerstreitender Konflikte und Motivationen, von denen einige für die Todes- und Machtauffassung im Werk wichtig werden sollten: der Großvater, der alte Mann, der zäh am Leben hängt – eine Haltung, die der Enkel später in ihrer sozial-psychologischen Bedeutsamkeit sehen sollte – versteht den Unsterblichkeitswunsch der jungen Frau nicht; das hat sowohl zu tun mit seiner und ihrer Stellung und Rolle im Familiengefüge wie mit seinem eigensüchtigen Kampf gegen das Hinnehmen des Todes. Der tote Vater, der die identitäts-konstituierenden Interessen der Mutter teilte, hätte sie verstanden. Der Vorfall wird aus der Perspektive des Jungen gesehen, der beunruhigt ist von der Schwäche der Mutter, dem zeitweiligen Verlust ihres Stolzes und damit der gemeinsamen Identität, die die Mutter in jener Situation zugleich beschwört und durch ihr Verhalten zerstört.

Die Mutter war für den Heranwachsenden in einem bemerkenswert starken Maß »die einzige Instanz, von der Verbote wie Gebote verkündigt wurden. Da sie sich entschlossen hatte, ihr Leben ganz uns zu widmen, die volle Verantwortung für uns zu übernehmen, litt sie keine Einwirkung von außen, die tiefer ging.« (G. Z., S. 303) Dem Jungen bereitete es ein »Glücksgefühl«, ihr zu glauben. Die Sicherheit des Glaubenden – später sollten ihn die destruktiven Konsequenzen dieser Haltung interessieren und er sollte sie vor allem in den *Befristeten* analysieren – führt den Heranwachsenden zu grausamen Handlungen als Begleiterscheinung einer bigotten »Auffindung des Bösen«, z. B. gegen Klassenkameraden, die gegen von der Mutter errichtete Tabus zu verstoßen schienen: »Der Hang dazu hat mich lange verfolgt, bis in die späteren Zeiten, als ich ein ergebener Sklave von Karl Kraus wurde und ihm die unzähligen Bösewichte, über die er herfiel, glaubte.« (G. Z., S. 153).

Aus der Distanz vieler Jahrzehnte staunt Canetti über die Offenheit und intellektuelle Selbständigkeit seiner Mutter. (G. Z., S. 233) Aber da er durch diese Frau geformt worden ist, bedeutet dies Staunen keine Verwunderung. Das Wissen darum, wer sie war, ist wörtlich-physisch in ihn eingegangen. Sie nimmt die Welt auf, indem sie urteilt – eine Haltung, die der Sohn bei aller auffälligen Offenheit für die Eigenexistenz des anderen ebenfalls zeigt. »Sie verdammte viel, aber nie ohne sich über das zu verbreiten, was sie dagegen setzte und es heftig, doch überzeugend zu begründen.« (G. Z., S. 224) Und in dieser Weite der Mutter, die so viel Gegensätzliches in sich fassen konnte, sah er sein eigentliches Bildungserlebnis: die sehr konkret vermittelte Einsicht, »daß alles scheinbar Unvereinbare zugleich seine Gültigkeit hat, daß man es fühlen kann, ohne vor Angst darüber zu vergehen, daß man es nennen und bedenken soll, die wahre Glorie der menschlichen Natur, das war das Eigentliche, was ich von ihr lernte«. (G. Z., S. 225).

Am Ende des Berichts, als sich ein sehr ernsthafter Konflikt mit der Mutter abzuzeichnen beginnt, scheint diese Weite zerstört; einander entgegengesetzte Standpunkte können nicht mehr zusammengesehen werden. Er stößt nur gegen ihre Gehässigkeit, sie nur gegen seine schweizerische Enge. In dieser Situation hält sie ihm das Opfer vor, das sie ihm gebracht habe. (G. Z., S. 357) Das Opfer aber war für das Kind und den Heranwachsenden, das die Mutter in so starkem Maße als autonome Person erfahren hatte, ihre Entscheidung, für die sie, nicht etwa das Kind, die Verantwortung trägt. Die Geschichte einer außerordentlichen Bindung zwischen zwei Menschen, die nicht zufällig Mutter und Sohn sind, deren spezifische emotional-intellektuelle Energien und die für beide geltende Rolle des Überlebenden aber die Dynamik der Bindung sehr viel intensiver bestimmen – ein Um-, Unter- und Überspielen des Mutter-Sohn-Verhältnisses –, diese Geschichte kennt keine Schuld des Kindes: »Nun aber waren wir jeder für den anderen, was vom Vater geblieben war, wir spielten, ohne es zu wissen, beide ihn und *seine* Zartheit war es, mit der wir einander wohltaten.« (G. Z., S. 89) Bis zum Ende der Jugend war vor allem dies Einander-Wohltun – auf sehr verschiedene Weise, oft leidenschaftlich, stürmisch – die Substanz der Bindung. Schuldig fühlt sich die Mutter – am Tod des Vaters, wie der Erwachsene sehr viel später von ihr erfährt. Aber auch diese Schuld sucht der Sohn ihrer Ungültigkeit zu überführen (G. Z., S. 88): Schuld existiert allein auf der Basis bewußter Verknüpfung bewußter Handlungen.

Der erste dichterische Versuch, ein Drama »Junius Brutus«, entstand unter dem starken Eindruck des bei Livius gefundenen Berichts über den ersten Konsul der römischen Republik, der die Gesetze so ernst nimmt, daß er die eigenen Söhne wegen Teilnahme an einer Verschwörung zum Tode verurteilen und das Urteil auch tatsächlich an ihnen vollstrecken läßt. Es war das »frühe Entsetzen über ein Todesurteil und den Befehl, durch den es vollstreckt wurde. Der Zusammenhang zwischen Befehl und Todesurteil, zwar anderer Natur als ich damals wissen konnte, hat mich später während Jahrzehnten beschäftigt und bis zum heutigen Tage nicht losgelassen.« (G. Z., S. 271) Der junge Canetti erfindet dazu die Figur der Mutter, die vergebens um das Leben der Söhne kämpft und mit deren Apotheose das Drama endet. Es ist wichtig, daß er der Mutter, »deren höchste Verehrung Dichtern galt«, als Dichter huldigt: »in spe poeta clarus« unterschreibt der 14jährige während der Zeit der Arbeit an dem Trauerspiel in 5 Akten und 2298 ›Blankversen‹ seine wöchentlichen Briefe an die Mutter. Das Drama, »jämmerlich schlecht«, habe keinerlei Talent verraten; aber nicht darauf kam es an, vielmehr auf das von der Arbeit getragene Selbstgefühl – einen Ehrgeiz, der nicht mehr allein von der Liebe zur Mutter genährt wurde, sondern auch von der Lektüre des Pestalozzi-Schülerkalender, von den darin enthaltenen Bildern großer Männer, die ihm »zu einer Art Gesetzestafel« geworden waren. (G. Z., S. 271 f.) Weltreisende, Dichter, Komponisten, Maler und Bildhauer, Philosophen und Naturwissenschaftler waren dort versammelt. »Am schönsten war es, daß Eroberer und Feldherren eine überaus kümmerliche Rolle spielten. Es war die bewußte Politik des Kalendermachers, die Wohltäter der Menschheit zu versammeln und nicht die Zerstörer.« (G. Z., S. 273) Mit diesen Namen, mit den ihnen zugehörigen Leistungen lebt der Junge. Er eignet sie sich an – sie sind seine »Heiligenbilder«. Aber auch der Abstand der Bewunderung wird eingehalten. Der Einfluß des Vorbilds, der Prozeß der Identifizierung, einer der für die Ich-Bildung wichtigsten und am wenigsten verstandenen Prozesse, wird nicht schematisch festgelegt: Man nahm sich »auf rätselhafte Weise« heraus, es dem einen oder anderen der großen Männer gleichtun zu wollen, aber »das eigentliche Wunder« waren die, deren Arbeitsprozesse man nie nachvollziehen würde. Diese Offenheit für die Leistung anderer als Grundlage der eigenen Verpflichtung zur Leistung – hier der spezifischen des Dichters – geht nicht im psychoanalytischen Begriff der Ambivalenz als Grundimpuls der Identifizierung auf. Canettis Reaktion auf die Erfahrung der Vielfalt an Leistungen bei Verschiedenheit der Herkunft, der Länder, Sprachen und Zeiten, der Lebensdauer ist eindeutig genug: »Ich wüßte nicht, was mir je ein stärkeres Gefühl von der Weite, dem Reichtum und der Hoffnung der Menschheit gegeben hätte als diese Versammlung von 182 ihrer besten Köpfe.« (S. 275)

In der großen Auseinandersetzung, die das Ende seiner Jugend markiert, wirft ihm die Mutter seinen vertrauenseligen Glauben an die Perfektibilität der Welt vor, die aufklärerische Grundüberzeugung von der Wichtigkeit des menschlichen Potentials, die sie ihm durch ihr Vorbild selbst eingeprägt hatte. Und doch war auch die skeptischere, mißtrauischere Haltung der Mutter, ihre Weigerung, sich in die Tatsache des Todes, die Unvermeidbarkeit von Kriegen zu ergeben, für das Werk des Sohnes von größter Bedeutung. (G. Z., S. 364) Die Forderung, die sie nun an ihn stellt, sich sofort der sozialen Realität zu stellen, vor der ihn seine Züricher Existenz, die humanen, verständnisvollen Lehrer geschützt hatten, weist auf die frühere Forderung zurück, sofort und vollkommen in einer anderen Sprache zu leben, Deutsch zu lernen. Der Sechzehnjährige muß diese Forderung als Androhung der Vernichtung empfinden; aber die Vernichtung seiner paradiesischen Sicherheit stellt sich als die Bedingung der Menschwerdung heraus – wiederum eine Geburt, das Anfangsstadium einer tiefergreifenden Verwandlung.

Schon vor der Erfahrung dieses Traumas hatte sich der Junge, der sich als zukünftigen Dichter sah, über den Kontrast zwischen der »Faßlichkeit des Buches und der Unbegreiflichkeit des Menschen« beunruhigt. (G. Z., S. 340) 1976 hielt der Einundsiebzigjährige eine Rede, »Der Beruf des Dichters«, die ans Ende der zweiten Auflage des ihm wichtigen Aufsatzbandes *Das Gewissen der Worte* gestellt wird, »als Ausdruck der Hoffnung auf solche, denen es gelingen wird, ihrer Forderung besser zu genügen«. (GW, S. 7) Wichtig an dieser Rede ist das Insistieren auf der Nützlichkeit des Dichters. Canetti zitiert die zugleich beunruhigenden und in ihrer Wirklichkeitsferne ärgerlichen Sätze eines ihm Unbekannten, aufgeschrieben am 23. August 1939, eine Woche vor Ausbruch des zweiten Weltkriegs: »Es ist aber alles vorüber. Wäre ich wirklich ein Dichter, ich müßte den Krieg verhindern können«, und versucht, sich über die Bedeutung dieses Anspruchs klar zu werden. Ein Dichter ist, wer sich Worten und Menschen ausliefert, »aber doch mit mehr Vertrauen den Worten«. Dieses Vertrauen hat eine sehr konkrete Intimität zur Folge, aber auch »Ehrfurcht«. Die Energiequelle für beide Haltungen kommt aus der Verantwortlichkeit für »alles in Worten Faßbare«: »Auch gibt es keine größere Nähe zu Ereignissen, keine tiefer eingreifende Beziehung zu ihnen, als sich für sie schuldig zu fühlen.«

Für den Dichter bedeutet die Einlösung dieses Gefühls Verantwortlichkeit für die in der Literatur der Vergangenheit manifest gewordenen Verwandlungen: hier wird besonders auch das mesopotamische Gilgamesch-Epos hervorgehoben, die Verwandlung des Enkidu und – in der Konfrontation mit dem Tode des Freundes – des Gilgamesch selbst, die einzige literarisch projizierte Todeskonfrontation, »die den modernen Menschen nicht mit dem bitteren Nachgeschmack des Selbstbetrugs entläßt«. (GW, S. 262) Wie schon das Kind immer genug zu lesen haben wollte, wirkliche Stöße von Büchern, Material zum Bau seiner Welt, so spricht der alte Canetti nach einer langen Erfahrung mit der literarischen Tradition von der Unmöglichkeit, sich dieses Erbe abgeschlossen vorzustellen, das uns »zur Nahrung« dient. Auch wenn unsere Zeit keine Dichter hervorgebracht hat – obwohl das Gegenteil »leidenschaftlich« zu wünschen wäre – so bleibt doch »das enorme Reservoir des durch die Naturvölker mündlich Überlieferten«. (GW, S. 262) Für Canetti umschließt die literarische Tradition auch die von der Anthropologie erschlossenen Zeugnisse, deren »Auferstehung zu unserem Leben« jedoch Sache der Dichter ist. (GW, S. 263) In *Masse und Macht* hat Canetti genau dies versucht. Die viel berufene Intersubjektivität, in unserer Zeit so schwierig geworden, ist abhängig von der Gabe der Verwandlung, der Fähigkeit, die Erfahrungen anderer von innen her nachzuvollziehen.

Am wichtigsten ist für den Dichter die Furcht vor Verengung; er muß in sich Platz haben für das Chaos – wobei solch ein Begriff nicht metaphorisch, sondern wörtlich, denotativ gebraucht wird. Dem Chaos ist »das Ungestüm seiner Hoffnung« entgegenzusetzen, die sich von der Vielzahl der Gestalten nährt, die in ihm leben. Zwischen der Vitalität der das Subjekt des Dichters konstituierenden Gestalten und der der Mythen, jenen Zeugnissen der Verwandlung, ist eine Verbindung herzustellen: die Teilhabe an der Welt, der Widerstand gegen den Tod. Die Forderungen, die hier von Canetti 1976 an den Beruf des Dichters gestellt werden, den er jahrzehntelang ausgeübt hat, sind ebenso exorbitant wie vernünftig:

»Daß man niemand ins Nichts verstößt, der gern dort wäre. Daß man das Nichts nur aufsucht, um den Weg aus ihm zu finden, und den Weg für jeden bezeichnet. Daß man in der Trauer wie in der Verzweiflung ausharrt, um zu lernen, wie man andere aus ihnen herausholt, aber nicht aus Verachtung des Glücks, das den Geschöpfen gebührt, obwohl sie einander entstellen und zerreißen.« (GW S. 267)

Die frühen, die im engeren Sinne dichterischen Texte Canettis sind vor allem bestimmt vom »Ausharren in der Verzweiflung«, und der Weg, der aus dem erzähl- und dramentechnisch brillant hergestellten Chaos führen sollte, war vieldeutig und unsicher. Jedoch verwies die Präzision, mit der das Chaos konfrontiert wurde, bereits darauf, daß seine Darstellung nicht Selbstzweck, daß es nicht mit dieser oder jener Darstellung abgetan war.

Der gegenwärtig anhaltende große Erfolg des erst spät zu Ruhm gelangten Dichters Canetti wirft wichtige Fragen auf: Woher bezieht der, der in der *Geretteten Zunge*, im »Beruf des

Dichters« spricht, seine eigentümliche, unzeitgemäße Autorität? Aus der vernünftigen, aufklärerischen Wendung gegen das Nichts? Aus dem Insistieren auf der Klärung der Komplexität bewußter Handlungen? Unzeitgemäß ist diese Autorität insofern, als sie sich weder durch ein geschlossenes System noch durch privilegierte Erfahrungs- und Sprachzonen, noch durch die Geste einer radikalen In-Fragestellung des Selbst absichert. Unter den Reaktionen der vielen Kritiker, die *Die gerettete Zunge* besprachen, gab es natürlich auch solche des Zögerns und des Widerstands – Reich-Ranicki beklagt die Abwesenheit auch der »bescheidensten Dosis Selbstzweifel«, er rügt die »majestätische Würde dieses Erzählers«, dem so sehr der »Mut zur Rücksichtslosigkeit und Indiskretion, zur Schamlosigkeit und Provokation« fehle (Nr. I, 31). In einer anderen Kritik (Nr. I, 37) wird dem satten Bürger Canetti, der im Umraum Hofmannsthals, Prousts »allzusehr behaust« sei, Wolfgang Koeppen vorgehalten, in dessen *Jugend* »der schneidende Atem Büchners« wehe. Andererseits lobte Jean Amery das »makellose Deutsch« dieses »grundehrlichen Buches« (Nr. I, 5): »Der Leser denkt mit jener Verblüffung und höheren Heiterkeit, die alles Wohlgeratene hervorruft: Sieh da, es geht also auch so.« Das allerdings geht an der Vielschichtigkeit des Textes vorbei. Obwohl die Wichtigkeit des »es geht also auch so« – auch in einer klaren, zugänglichen Sprache lassen sich komplexe Erfahrungen mitteilen – nicht unterschätzt werden sollte. Das »Wohlgeratene« kam nicht von ungefähr. Es ist die Leistung des erfahrenen Schriftstellers, der es gelernt hat, ehrlich zu bleiben ohne schamlos zu werden; der seine persönliche Welt in ihren Grundkonflikten zu rekonstituieren vermag, ohne indiskret zu sein, der Entscheidungen darüber getroffen hat, was ihm wichtig ist und dem Leser die Berechtigung solcher Entscheidung nicht vorenthält.

Auffallend stark ist in Canettis Sicht sozialpsychologischer Beziehungen die Rolle des Stolzes ausgeprägt. An der Mutter liebte er vor allem ihren Stolz, die Unabhängigkeit ihres Urteils über sich selbst und andere und die Mitteilbarkeit, Verantwortbarkeit dieses Urteils, das zugleich eine Hierarchie der Erfahrungsbereiche errichtete. Ihr Urteil, wie übrigens auch sein eigenes, mag oft falsch gewesen sein, aber sie nahm das Recht zu urteilen und die Pflicht es zu begründen sehr ernst. »Am wahrhaftigen Dichter schätze ich am höchsten, was er aus Stolz verschweigt«, notiert Canetti 1971 (PM, S. 333) – die Literatur ist so geschwätzig wie nie zuvor. Verschweigen geht nicht immer einfach: »Ihn juckten seine verhaßten und verschwiegenen Figuren« beklagt er sich 1972. (PM, S. 352) Trotzdem ist es in bestimmten Fällen die einzig angemessene Haltung. Verschweigen bedeutet auch keine Apologie für ein bewegliches Genügen an den leichter zugänglichen Bereich des Selbst in seinem Umgang mit der Außenwelt. Von Musil, den Canetti neben Kafka unter den Dichtern des 20. Jahrhunderts am höchsten schätzt, heißt es 1971: »Musil bewundere ich schon darum, weil er das Durchschaute nicht verläßt. Er verbleibt vierzig Jahre in ihm angesiedelt und stirbt noch in ihm verhaftet.« (PM, S. 341) In seiner ausgezeichneten Besprechung der *Geretteten Zunge*, »Utopie und Sisyphosarbeit: Wie kann man heute eine Autobiographie schreiben?« kam Jochen Hieber zu der ambivalenten, aber hilfreichen Einsicht in die spezifische Leistung des Textes der Erinnerungen:

> »Hinter ihrer verfügenden Oberfläche, die dem jungen Elias Canetti bereits all die Probleme zudiktiert, die den späteren Schriftsteller ausmachen, verbirgt sich eine eminente Anstrengung, die zu kostbar erscheint, um sie der zweifelnden Suche nach der verlorenen Zeit auszusetzen: der utopische Versuch, die Identität von Leben und Werk als zustande gebrachte, verwirklichte zu beschwören.« (Nr. I, 25)

Eine große Anzahl von Lesern hat die Integrität und Berechtigung der Mitteilung, der Veröffentlichung dieses Versuchs akzeptiert – unabhängig von dessen Gelingen.

2. Die Werke vor dem Exil

In seiner Einleitung zu einer Lesung Canettis aus der *Blendung* am 23. Januar 1933 sagte Broch: »er will das Individuum zu jenem letzten Nichts reduzieren, von dem aus erst wieder die Umkehr möglich wird. Und diese Umkehr ist die Rückkehr ins überindividuelle, ist die Gnade des Meers, in das der Tropfen zurückfällt.« (CL, S. 121) Broch, der mit charakteristischer Generosität den jungen Dichter Canetti förderte und auf eine Veröffentlichung der *Blendung* drängte, hatte Canettis Konzept des Masse-Menschen und der Masse mißverstanden. Seine eigene Auffassung des modernen Masse-Menschen ging in diese Richtung und sollte sich in den späteren Fragmenten seiner sogenannten *Massenpsychologie* niederschlagen. Das Böse ist für Canetti von Anfang an ein sozialpsychologisches Phänomen gewesen, Konversion in diesem Bereich so unerheblich wie Auflösung ins Nichts oder Rückkehr ins Überindividuelle. Die Isolierung des Individuums in der *Blendung* ist ebenso endgültig wie seine Schlechtigkeit oder Schwäche; dabei hat es, in der Annäherung an den ›Typus‹, eine merkwürdig dichte Geschlossenheit, ein vervollkommnetes Für-sich-sein dem Außen entgegengesetzt, wie es Individuen in der Realität nicht kennen, wohl aber die Kunstfiguren der Allegorie, die Typen der Komödie.

2.1 Die Blendung

»Mich interessieren lebende Menschen und mich interessieren Figuren. Ich verabscheue die Zwitter aus beiden«, notiert sich Canetti 1960 (PM, S. 240). In seinem Werk gibt es keine solchen Zwitter. Die Figuren des Romans, der Dramen, auch die des *Ohrenzeugen* und der vielen Roman- oder Dramenkeime in den Aufzeichnungen, sind ›rein‹ konstruiert, präzise Übertreibungen des Sichtbaren, Erfahrenen (PM, S. 334) In seiner Reminiszenz »Das erste Buch: Die Blendung« (1973; GW) spricht Canetti von seiner Bekanntschaft mit George Grosz in Berlin, dessen Zeichnungen er seit seinen Frankfurter Schultagen bewunderte. Grosz schenkte ihm 1928 die – damals verbotene – Mappe *Ecce Homo*. Die bildliche Phantastik, der intellektuelle Witz dieser moralisch-polemischen Karikaturen und politisch engagierten, durch formale Kontraste wirkenden Grotesken beeindruckte und bestärkte Canetti in seiner Sehweise. Der Verweis auf Grosz ist hier nicht so sehr als Bestimmung eines Einflusses gemeint, sondern zur Klärung der spezifischen, simultanen Verschlossenheit und Zugänglichkeit der Figuren: in diesem Stadium erscheinen sie ganz von außen gesehen, von außen begrenzt. Aber die vom Maler, Dichter gesetzte Begrenzung ist dem Innenraum der Figuren entnommen, den diese sich angeeignet und nun nach außen gekehrt haben. Das Fehlen der Tiefe ist funktional – Konzentration auf die Fläche bei Grosz, auf die akustische Maske, gebildet aus dem »akustischen Zitat« bei Canetti. (GW, S. 42)

Die Entstehung des Romans ist in der Reminiszenz »Das erste Buch: Die Blendung« beschrieben: er war als eines von acht Büchern gedacht, die vom Herbst 1929 bis zum Herbst 1930 alle zugleich entworfen wurden. Im Verlauf eines weiteren Jahres entstand das Manuskript des ersten Romans, der zunächst den Titel »Kant fängt Feuer« hatte. Unübersehbar ist der Niederschlag der Erfahrungen, die der junge Wiener Chemiestudent 1928 und 1929 in den literarischen Kreisen Berlins gemacht hatte: »Alles war möglich, alles *geschah*, das Wien Freuds, in dem über so vieles *gesprochen* wurde, kam einem verglichen damit harmlos geschwätzig vor. Ich hatte nie zuvor das Gefühl gehabt, der ganzen Welt an jeder ihrer Stellen zugleich so nah zu sein, und diese Welt, die ich in drei Monaten nicht bewältigen konnte, schien mir eine Welt von Irren.« (GW, S. 228) Das Roman-Unternehmen war denn auch als »Comédie Humaine an Irrren« (GW, S. 225) geplant.

Als erste Veröffentlichung Canettis erschien 1928 im Berliner Journal *Der Querschnitt* die kurze Besprechung »Upton Sinclair wird 50 Jahre alt«. Canetti sollte wenig später drei Bücher Sinclairs für den Malik Verlag übersetzen, um sich Geld zu verdienen für sein Auskommen als freier Schriftsteller, wozu er sich nach der Wiener Promotion (im Fach Chemie) im Frühjahr 1929 entschlossen hatte. Obwohl die Übersetzungen als Brotarbeit anzusehen sind und der kleine Artikel nie wieder anderswo abgedruckt wurde, ist die Affinität zu Sinclair deutlich und nicht unwichtig. Canetti wendet sich vor allem gegen die Vorurteile europäischer Kritiker, die Sinclair simplifizierende Naivität vorwerfen. In Amerika seien Sinclairs Romane gar nicht beliebt, d. h. sie gäben dort wirklich zu Ärgernis Anlaß, weil sie die Dinge zu deutlich darstellten. Über den Roman *Boston*, der den Fall Sacco-Vanzetti behandelt, schreibt der junge Chemiestudent, der in Wien die Ereignisse um den Brand des Justizpalastes im Sommer 1927 sehr bewußt miterlebt hatte, hier könne man erkennen, wie

elementar Sinclairs ›Naivität‹ sei: »Man hat sie ebenso ernst
zu nehmen wie sie sich gibt. Welcher Hochmut der aufstoßen-
den Komplexe! Welche gefährliche Rache der aufgedrängten
Verdrängtheiten! Sinclair weiß sehr gut um den analytischen
Spuk, d. h. er nahm ihn zur Kenntnis und ließ sich nicht von
ihm vergewaltigen. Wer könnte das hier von sich behaupten?«
Canetti lenkt die Aufmerksamkeit des Lesers auf die sozial-
kritischen Interessen von Sinclairs realistischen Romanen, deren leichtere Zugänglichkeit mit Oberflächlichkeit oder Naivität verwechselt wurde. Hier spricht auch der Anhänger von
Karl Kraus, der ein Feind aller Psychoanalyse ist.

Von den Künstlern, die er in Berlin kennenlernt und die
ihn am meisten beschäftigen, nennt Canetti später George
Grosz, Isaak Babel und Brecht, von dem er erwähnt, daß er
einer der ganz wenigen jüngeren Dichter war, die Kraus gelten
ließ. (GW, S. 227) Die persönliche Beziehung zu Brecht war
gespannt, weil diesem die »hohe Gesinnung« des jungen Canetti
begreiflicherweise auf die Nerven ging – er suchte ihn durch
zynische Bemerkungen über die wirklichen Motivationen der
Dichter zu beunruhigen; Babel dagegen ließ dem jungen Canetti seine – sicherlich auch durch die Bewunderung für Kraus
gestützte – strenge Dichtungsauffassung. (GW, S. 227)

Nicht von ungefähr konzentrierte sich das Interesse Canettis,
der sich, nach Wien zurückgekehrt, mit acht extremen Individuen, alle »am Rande des Irrsinns« angelegt, als Zentren der
acht geplanten Romane beschäftigte, auf den »reinen Büchermenschen«, (GW, S. 230) der zunächst Kant heißt. Die anderen
»Irren«, unter ihnen ein religiöser Fanatiker, ein technischer
Phantast, der ganz in Weltraumplänen lebt, ein von der Sam-
melwut, ein von der Wahrheitssuche Besessener, ein Verschwen-
der, ein Feind des Todes, wurden beiseite geschoben. In dieser
Entscheidung, aber auch in der ambivalenten Haltung des
Autors seinem Geschöpf Kant/Kien gegenüber, sind sicherlich
Einflüsse der Vorwürfe der Mutter über die unzulässige Be-
schönigung sozialpsychologischer Konflikte in der Literatur
zu sehen: ihre Verwerfung und Zerstörung seines Züricher
Paradieses, das er sich mit Hilfe von Büchern errichtet hatte.
(GZ, S. 362 ff.) Der Roman sollte der Mutter beweisen, daß es
dem Sohn nicht um ein Absehen von sozialer Realität ging,
sondern um deren genaues Erfassen. Nach der Lektüre schreibt
ihm die Mutter, daß dieser Roman den Kampf, den der Sohn
mit ihr um seine Freiheit geführt und der sie so unglücklich
gemacht hatte, rechtfertige: sie habe Menschen immer so ge-

19

sehen, wie er sie darstelle, und so habe sie auch schreiben wollen. Canetti übrigens war – so berichtet er in der *Geretteten Zunge* (S. 88) – weniger von ihrer Zustimmung überrascht, viel mehr von der Heftigkeit beunruhigt, mit der sie Bewunderung für die Leistung des Sohnes äußerte. Die Identifizierung der sehr intelligenten, leidenschaftlichen Frau mit dem Sohn, dem Wege zur Selbst-Verwirklichung offenstehen, die ihr als Frau versagt sind, macht dem außenstehenden Leser ihre Reaktion auf dessen Leistung verständlich, die der Sohn als Verlust ihres ihm sehr wichtigen Stolzes betrauert. Auch hier ist Canettis Scheu im Spiele, in die unbewußten, zumindest nicht artikulierten Motivationskomplexe des anderen vorschnell einzudringen. Diese Begrenzung schärft seine Aufmerksamkeit für die zu Tage liegende Dynamik sozialer Handlungen, für das, was zu sehen und zu hören ist: hier hat er mit den aggressiv übertriebenen, überscharfen Figuren der *Blendung* so gut wie mit den behutsam und originell aus ihren eigenen Worten (Briefen) heraus gedeuteten komplexen Personen Kafka und Kraus Außerordentliches geleistet. Als Mangel kann sich diese Begrenzung dann auswirken, wenn es sich um Menschen handelt, deren Identitätskämpfe weitgehend unartikuliert geblieben sind, vor allem Frauen.

Der Büchermensch hatte von Anfang an, noch ehe andere Einzelheiten feststanden, eine Gegenfigur, die der einfältigen Haushälterin Therese; diese Tatsache sei für das Entstehen des Buches entscheidend gewesen, meint Canetti rückblickend. (GW, S. 22) Die »akustische Gestalt« (GW, S. 45) dieser Therese fand er in seiner Wiener Vermieterin: »die erste Rede, die sie mir hielt, findet sich wörtlich im dritten Kapitel der ›Blendung‹: über die Jugend von heute und die Kartoffeln, die bereits das Doppelte kosten. Es war eine ziemlich lange Rede und sie irritierte mich so sehr, daß ich sie gleich im Kopf behielt.« (GW, S. 223) Wie Karl Kraus, und anders als die meisten Dichter seiner Zeit, konnte Canetti nicht weghören über das alltägliche An-einander-Vorbeireden der Menschen. Von Kraus hatte er »Wörtlichkeit und Entsetzen« gelernt. (GW, S. 42) Mit diesen Mitteln schuf der »Meister des Entsetzens« (GW, S. 43) »*eine* einzige unabänderliche Gesinnung« in seiner Zuhörerschaft gegen das, was zu hassen war, vor dem man sich entsetzen sollte: die Sinnlosigkeit des Krieges und die Unverantwortlichkeit der Mächtigen. Als der Wiener Polizeipräsident Schober auf Arbeiter schießen ließ, die gegen die im Burgenland vorgefallenen Arbeitermorde demonstrierten – es gab 90 Tote und viele Verletzte an diesem traumatischen 15. Juli 1927 –, ließ Kraus überall in Wien Plakate anbringen, die den Polizeipräsidenten zum sofortigen Rücktritt aufforderten. Canetti, der diesen Tag rat- und hilflos, fasziniert und gezeichnet zugleich von den Massenvorgängen beim Brand des Justizpalastes, miterlebt hatte, empfand die Wirkung der Plakate als ungeheuerlich: »als sei alle Gerechtigkeit dieser Erde in die Buchstaben seines [Kraus'] Namens eingegangen.« (GW, S. 226) Noch ist er von der Macht des Wortes als einem Gesetz beherrscht. Was ihn aus der zu engen Bindung an Kraus löste – in dem Aufsatz von 1965 »Karl Kraus, Schule des Widerstands« wird von ihm als einem seiner »Götzen« gesprochen (GW, S. 39) –, war Canettis wachsende Einsicht in die ausschließende, zerstörerische Natur des Krausschen Anspruchs, die endlos, gestaltlos sich aneinanderreihende Wiederholung der Exponierung menschlicher Unvollkommenheit im »akustischen Zitat« (GW, S. 42), unmenschlicher Vollkommenheit des Kommentars, das Urteil als vor allem vernichtende Abgrenzung gegen dumm und falsch Sprechende – (d. h. in vielen Fällen gegen nur anders Sprechende).

Die Verbindlichkeit, die Canetti während der Arbeit an der *Blendung* sucht, findet er in den Texten Kafkas. Symptomatisch für sein Verhältnis zu Tradition als zu einem Erbe des kulturell Geleisteten ist, wie er sich an den Einfluß Kafkas erinnert: »Da war schon etwas erreicht, was ich für mich allein finden wollte. Ich beugte mich vor diesem reinsten aller Vorbilder, wohl wissend, daß es unerreichbar war, aber es gab mir Kraft.« (GW, S. 230) Der Einfluß Kafkas besänftigt zwar nicht das panikartige Aneinandervorbeireden der Figuren der *Blendung*, denen es in jedem Augenblick ums nackte Überleben geht; das Entsetzen ist so konkret wie dringend belassen. Es verlagert sich aber in die tiefere Schicht einer zwischen dem Selbst und dem Anderen sich abspielenden Verwandlung. »Mit Kafka«, schreibt Canetti 1968, »ist etwas Neues in die Welt gekommen, ein genaueres Gefühl für ihre Fragwürdigkeit, das aber nicht mit Haß, sondern Ehrfurcht für das Leben gepaart ist. Die Verbindung dieser beider Gefühlshaltungen – Ehrfurcht und Fragwürdigkeit zusammen – ist einzigartig, und wenn man sie einmal erlebt hat, ist sie nicht mehr zu missen.« (PM, S. 306) Canetti beschreibt damit weitgehend sein eigenes Verfahren, das sich allerdings erst in den späteren Texten voll entwickeln sollte.

Das Pandämonium des Romans ist von einem sich selbst

immer wieder befragenden Haß geprägt. Die Blendung ist bei
aller schlagenden Eindeutigkeit und Wörtlichkeit im einzelnen,
strikter Organisation im ganzen, ein in vieler Hinsicht offenes
Werk. Aber neben dem Engagement wird doch auch die Mit-
leidslosigkeit deutlich, mit der Canetti fasziniert das Chaos
abspiegelt. Er beobachtet eine ihm ganz fremde Gesellschaft;
sein Verfahren ist psychologisch, anthropologisch; und der
Verstehensprozeß erst ganz am Anfang. Beziehungen auf andere Gesellschaften werden nicht hergestellt, Nutzanwendun-
gen nicht gezogen. Angeboten wird Information auf eine Weise, daß der Leser seine Teilhabe an dieser Gesellschaft sich
zwar nicht eingestehen muß, aber doch von ihrer Existenz betroffen ist: durch die Verfremdung, das Verbindlichwerden
banal-alltäglicher Stimmen – akustischer Gestalten – einer
oberflächlich bekannten Wirklichkeit. Wie in Heinrich Manns
Untertan, mit dem die *Blendung* das präzise Interesse an sozi-
alem Sprechverhalten teilt (Canetti glaubt, daß er den von
ihm bewunderten Roman H. Manns zur Zeit der Abfassung der
Blendung noch nicht gelesen hatte: zur Verf., Aug. 1976), gibt
es in der *Blendung* keine einzige positive Figur, aber auch, im
Gegensatz zum *Untertan*, keine, deren Schwächen entschuldbar
wären. Eine Generation jünger als Heinrich Mann, am Ende
der Weimarer Republik, führt Canetti menschliches Aggressionspotential und seine Entladung am Beispiel (Wiener/Berliner:
GW, S. 229) Kleinbürger vor, die sehr wenig später die Macht-
basis eines der schlimmsten Verbrecher der Weltgeschichte bilden sollten. »Die Propheten sagen das Alte jammernd voraus«,
notiert sich Canetti 1945 (PM, S. 80) – im 1914 vollendeten
Untertan und in der 1931 vollendeten *Blendung* wurde es
nicht nur vorausgesagt, sondern vor allem sichtbar gezeigt, hör-
bar gemacht. Dabei stellt sich heraus, daß die Entfesselung von
Kriegen, daß Diktaturen von Irrsinnigen kein metaphysisches,
sondern Naturereignis sind, begründet in der menschlichen Natur, d. h. deren sozialen Realisierungen. Peter Kien, der Büchermensch – der Kant-Verehrer Broch hatte bei der Publikation
des Romans »mit einer für ihn ungewöhnlichen Hartnäckig-
keit« darauf gedrängt, daß Canetti den Namen Kant aufgeben
sollte (GW, S. 232), damit wurde auch der Titel »Kant fängt
Feuer« für »Die Blendung« ausgetauscht: Peter Kien ist der
Informant, mit dessen schwacher Hilfe sich der Autor in der
von ihm aufgezeichneten fremden Gesellschaft zurechtfinden
muß. Als ein in jeder Hinsicht unabhängiger Intellektueller
setzt er sich über Abhängigkeiten und die in ihnen virulenten

Wünsche und Begierden der um ihn Lebenden einfach hinweg und muß ihnen gerade deshalb zum Opfer fallen. Er wie auch sein Bruder Georg handeln mit einer sozialen Unwissenheit und Arroganz, die unverzeihlich ist und dennoch auf gleiche Weise unangreifbar wie die isolierten Sätze, die die Sprachmasken der Haushälterin Therese und des Hausverwalters Pfaff konstituieren, denen Peter Kien am Ende unterliegt: »Was hat er zu reden – das wär noch schöner – was hat der zu suchen – der kriegt nichts – verlangen kann jeder – ein Mann soll sich schämen – mit dem kann keiner – und das hat man von seiner Liebe« sind Bestandteile von Thereses Maske. Pfaff zieht zwar seine Tochter, die er langsam zu Tode quält, in den Aufbau seiner eigenen Maske mit hinein, aber nur, damit sie auch in der aggressiven Sprachgestalt ganz ihm gehört. Sie muß seine Sätze ergänzen: »Der Vater hat einen Anspruch ... auf die Liebe seines Kindes. Zum Heiraten hat die Tochter ... keine Zeit. Das Futter gibt ihr ... der gute Vater. Wenn die Tochter nicht brav ist, bekommt sie ... Schläge. Dafür lernt sie ... was sich beim Vater gehört.« (Blendung, S. 408 f.) Pfaffs Lieblingsbeschäftigung ist das Morden; das spielt er jeden Tag mit allen nicht zum Haus Gehörigen, die es zu betreten wagen, ob es nun Bettler sind oder einfach Besucher: »Das Gesindel wird rasiert. Köpfen wär gescheiter. Sie fallen zur Last. Das frißt sich in den Gefängnissen satt. Der Staat zahlt und darf bluten. Ich vertilge die Wanzen. Jetzt ist die Kazte zu Haus. Die Mäuse gehören ins Loch. Ich bin der rote Kater. Ich freß sie tot. Ein Element muß das Zerquetschen spüren.«

Die Sprache des Ressentiments und der Aggressivität hat sich seit den Macht-Sprüchen Kaiser Wilhelms, vom Untertan treu wiederholt, vervielfältigt und gesteigert. Hitlers Zuhörer sind auf ihn vorbereitet. Dem im politisch-sozialen Bereich diagnostizierenden Intellektuellen bleibt nur mehr die Diagnose eines letalen End-Zustands. »Neugier, Empörung, Stolz, ganz verborgen Erbarmen, Raschheit im Erfassen« – so kennzeichnet Canetti in einem Gespräch mit Horst Bienek 1965 die wichtigsten Eigenschaften des Romanciers. Er müsse sich allem entziehen, was Macht hat (GZ, S. 100) – wohl auch der Urteilsposition, die der Intellektuelle so gern einnimmt. In der Blendung wird kein Urteil gefällt. Der Autor/Erzähler zitiert und registriert. Peter Kien erkennt das Aggressionspotential der Pfaffs und Theresen erst dann, als er bereits eindeutig krank ist, kurz vor der Selbstverbrennung. Jetzt nimmt er wahr, wie Pfaff mit mörderischer Absicht zu ihm heraufstürzt: »Auf dem

Wege erschlug er die Treppe. Unter seinen Faustschuhen wimmerte der Stein.« *(Blendung*, S. 507)

Karl Markus Michel sieht in der *Blendung* das einzigartige Beispiel für ein Festhalten an der Form des Romans, ermöglicht durch die »unbekümmerte, fast gewaltsame und doch äußerst artistische Technik, mit der ein gesellschaftlich und politisch stark belastetes Thema zur Fabel gebogen wird«. (Nr. II A, 24, S. 316) Was aber ist die Fabel? Das schlechte Gewissen des Intellektuellen? Die Verurteilung des Versuchs, die »Welt im Kopf« der wirklichen entgegenzusetzen? Wohl kaum. Michel selbst verweist richtig auf die Elemente einer konventionellen Gelehrten-Karikatur in der *Blendung* sowie darauf, daß Kien doch auch die Sympathie all derer errege, die wie er die Welt im Kopf enträtseln zu können glauben. Aber die Gründe für diese Sympathie sind nicht so einfach auf einen Nenner zu bringen. Kien ist eine überscharf gezeichnete, eine groteske Figur. Canetti las Gogols *Tote Seelen* während der Arbeit an der *Blendung:* Gogol habe er am liebsten unter den Russen; wichtig sei ihm gewesen, daß Gogol »sich erlaubt hat zu erfinden, was er wollte.« (Nr. II A, 11, S. 95) Kien ist eine Gogol verwandte Figur; trotzdem steht er Canetti näher als die anderen Figuren, was bereits durch die Tatsache deutlich wird, daß Kien Sinologe ist. Canettis tiefe Bewunderung für chinesische Kultur ist bekannt: »Mehr und mehr faszinierte mich die Geschichte und frühe Philosophie Chinas«, sagt er über die Zeit, in der die *Blendung* entstand. (GW, S. 226) Einer der bewundernswerten Züge an Kafka z. B. ist für Canetti, daß er »der einzige seinem Wesen nach chinesische Dichter [ist], den der Westen aufzuweisen hat«. (GW, S. 138) Auch Kiens asketischer Intellektualismus, so z. B. seine Haltung dem Essen gegenüber, ist für ihn eine sozial wichtige, positive Eigenschaft. Auch Kien partizipiert an Canettis eigenem, für sich entworfenen Glück – Erinnerung an das Zürcher Paradies? –, ein ganzes Leben der eigenen Lektüre und dem eigenen Schreiben zu widmen und dabei dieses Leben sich selbst verzeichnen zu lassen. (1957; PM, S. 217) Es ist möglich, daß er am Anfang auch Canettis (Kafkas) »Schwäche« teilt, von der Wirklichkeit, die wie ein »Urwald« um ihn herumwächst, so ungeheuer beeindruckt zu sein, daß er sie erst in der Form von Bildern und Schilderungen ertragen kann. (1943; PM, S. 63 f.) Nur ist Kien den Gefahren eines solchen Lebens, dessen Möglichkeiten sich ihm nicht geöffnet haben, zum Opfer gefallen. Seine Verantwortung der Vergangenheit gegenüber, die Offenheit und

Verwandlungsbereitschaft bedeuten sollte, kann er als hortender Archivar nicht einlösen. In diesen Zug Kiens ist auch ein Erlebnis Canettis während des Justizpalastbrandes eingegangen: er sieht einen Mann, sich deutlich von der Masse abhebend, die Arme hochwerfend und den Brand der Akten verzweifelt beklagend. Canetti empfand ihn komisch und ärgerlich: »›Da haben sie doch Leute niedergeschossen!‹ sagte ich zornig, ›und Sie reden von den Akten!‹ Er sah mich an, als wäre ich nicht da, und wiederholte jammernd: ›Die Akten verbrennen! Die ganzen Akten!‹ – Er hatte sich zwar abseits gestellt, aber es war für ihn nicht ungefährlich, seine Wehklage war unüberhörbar, ich hatte sie ja auch gehört.« (GW, S. 225) Kiens größte Schwäche ist es, daß er die Zerstörung des Lebendigen eher akzeptiert als die des Toten, der Bücherwelt.

Nicht weniger gefährdet als sein Bruder Peter ist Georg Kien, der Psychiater. Er trägt den Namen von Canettis jüngerem Bruder. Georg ist häufig zu positiv verstanden worden (Michel, Nr. II A, 24, S. 311; Durzak, Nr. II A, 10, S. 172; Dissinger, Nr. II A, 8, S. 114 ff.; interessanter dagegen Roberts, Nr. II A, 28, S. 83 ff.; 118 ff.), da er – darin eine Art Vorläufer von Ronald D. Laing und David Cooper (»The Language of Madness«) – mit einer Umkehrung des Verhältnisses von Irrsinn und Normalität arbeitet. Auch Georg ist unfähig, durch Selbst-Verwandlung an den Verwandlungen anderer teilzuhaben. Beide zerstören sich selbst und andere durch Besitzgier in Form einer viel zu weit getriebenen Entäußerung: an die Sprachwelt vergangener Kulturen, an die Welt fremder Menschen. Bei beiden fehlt das komplexe, das eigentlich soziale Zusammenspiel der eigenen Person mit dem anderen, seien es nun Zeugnisse von Menschen oder diese selbst. Georg, zunächst Gynäkologe und wegen seiner Einfühlungsgabe sehr erfolgreich, war nach der Begegnung mit einem jungen Irren Psychiater geworden. Dieser junge Mann, der sich unter dem Fell eines Gorillas verbirgt und eine neue unmittelbare Sprache spricht, an der der ganze Körper teilhat, wird von Georg zum ›eigentlichen‹ Menschen stilisiert. Canetti aber ist auf solche einseitige ›Eigentlichkeit‹ nicht festzulegen. Georg schreibt einen viel bewunderten Artikel über den Gorilla-Menschen und verzichtet auf dessen Heilung, die ihm möglich wäre. Damit verzichtet er angeblich auf seine Macht über den anderen. Die Kehrseite eines solchen Verzichts ist freilich eine umso größere Kontrolle – wie übrigens all ›seinen‹ Kranken gegenüber. Georgs Verhältnis zu ihnen ist gut, denn er vermag sich in sie einzufühlen; es beruht aber nicht auf Gegenseitigkeit. Er herrscht durch subtile Manipulation. Am Ende ist er neurotisch-zwanghaft auf das Rollenspiel angewiesen: ohne seine Irren als Substanz und festes Publikum seines Repertoires von Einfühlungsakten kann er nicht mehr leben. Er kann sich selbst nicht mehr verwandeln und verwehrt darum auch ihnen Verwandlungen. So ist auch er es, der schließlich für den Selbstmord seines verrückten Bruders verantwortlich gemacht werden könnte; denn mit dem Beispiel der *Orgie* im Termitenbau suggeriert er Peter eine wahnhafte Möglichkeit, die dieser dann nur zu realisieren braucht.

Das erste Gespräch zwischen Georg und Peter, den jener zu retten gekommen ist, zeigt Peter als den Einsichtigeren. Sein Vorwurf an Georg ist berechtigt: er rede seinen Kranken ihre Krankheit wie ein Verkäufer aus, fälsche ihre Halluzinationen von grün nach blau, statt die Krankheit zu heilen, d. h. die Ursachen der Symptome zu suchen. Bei aller Einfühlung in sein Gegenüber versteht Georg Wahn nicht als soziales Phänomen. Er verneint die soziale Realität dessen, der im Wahn befangen ist, weil er mit dem symbolisch abstrahierten Wahn viel einfacher umgehen kann, als das mit dem wirklichen in sich widersprüchlichen Wahn möglich wäre; er will in der Lage sein, über den anderen zu verfügen. Wenn Therese – und damit paradigmatisch die Frauen – für Peter zum Problem wurden, so denkt er dabei auch an die Schwierigkeiten der Verständigung, des Miteinander. Georg sucht ihm das Bedürfnis danach auszureden mit dem Beispiel des Termitenstocks. Der größte Teil der Termiten sei vom Geschlechtsdrang befreit, weil dieser zu viele Störungen in das Zusammenleben auf engstem Raum brachte. Man stelle sich nun vor, sagt Georg, daß die Tiere, blinde Zellen eines nicht begriffenen Ganzen, gegen solche Verkürzung rebellierten, daß ein Wahn der Vereinigungssucht sie packt, ein Liebeswahn, ein Massenwahn, an dem der Stock untergehen muß. Die Sinnlosigkeit dieses aber eben doch irgendwie großartigen Wahns wäre mit Peters InBrand-Setzen seiner selbst und seiner Bibliothek zu vergleichen. Es ist nach dieser merkwürdig enthusiastischen Beschwörung einer grandiosen Katastrophe durchaus nicht überzeugend, wenn Georg hinzufügt, er glaube täglich mehr an die Wissenschaft – der Rationalität des funktionierenden Termitenstocks vergleichbar – und täglich weniger an die Unersetzbarkeit der Liebe. *(Blendung,* S. 478 f.)

Diese Stelle ist entscheidend für die Genese von Canettis Sicht der Masse. Schon hier werden Beziehungen hergestellt zwischen einer ›vermaßten‹, d. h. zahlenmäßig sehr großen Gruppe von hierarchisch festgelegten »Ungleichen« – wie sie später im Drama *Die Befristeten* genannt werden – und deren Eruption in echten Massenvorgängen. Das Jahr, das auf das Erlebnis des 15. Juli 1927 mit seinen Massendemonstrationen und dem Brand des Justizpalastes folgte, war »beherrscht« von dem Versuch »herauszufinden, was die Masse, die mich von innen und außen überwältigt hatte, eigentlich sei [...]. Auf den verschiedensten, scheinbar sehr abliegenden Wegen suchte ich mich dem zu nähern, was ich als Masse erlebt hatte. Ich suchte sie in der Geschichte, aber in der Geschichte *aller* Kulturen«. (GW, S. 226) Ihm wurde deutlich, welche entscheidende Rolle den Massenvorgängen in der Entwicklung von Revolutionen, in der Genese religiöser Bewegungen zukommt; Darwin und Bücher über Insektenstaaten wurden auf Massenbildungen unter Tieren hin studiert. Canetti selbst weist darauf hin, wie diese tastenden, vielseitigen Vorarbeiten über die Masse in der *Blendung* Spuren hinterlassen haben. Anders als sein Geschöpf Georg aber enthält sich Canetti des Urteils über den Wert oder Unwert, die Großartigkeit von Masseneruptionen. Der österreichische Marxist Ernst Fischer, mit dem Canetti in seiner Wiener Zeit bekannt war, kritisiert dessen (angebliches) Konzept eines Sieges des Individuums über den Tod durch eine endlich zu vollziehende Selbst-Auflösung in der Masse – genau das ist Brochs Konzept – und beruft sich auf die Ausführungen Georgs in der *Blendung*. (Nr. III A, 12) Damit nivelliert Fischer die Multiperspektivik des Romans; er beachtet nicht die spezifischen Möglichkeiten des Romans als eines Kommunikationsmodelles. Canetti ist nicht Georg; mehr noch: er distanziert sich von ihm deutlicher als von Peter. Natürlich besitzt Georg Intelligenz und kann die durchschauten Zusammenhänge durchspielen. Er scheut aber Denkdisziplin und zieht eine Verdrehung der richtig erkannten, aber schwer kontrollierbaren Situation deren allmählicher Entwirrung und Heilung vor. Bei dieser Verdrehung begeistert ihn vor allem seine eigene Ingenuität: »ihr Wahn« bezieht den Termitenwahn auf Peters Wahn; und keinen Zweifel läßt er daran, daß er von der Großartigkeit der Katastrophe mitgerissen ist. Damit hinterläßt er einen Stachel in Peters Imagination: der Sinologe erweckt die Imagination zum Leben und läßt sich mit seinen Büchern in den Flammen untergehen. Das endlich vollzogene Sich-Verlieren, die Aufgabe und Auflösung des Selbst, erweist sich als die unwiderrufliche Selbst-Vernichtung.

Die Selbst-Verbrennung des Büchermenschen erwächst aus dem sozialen Versagen Peters und Georgs. Die Welt, der sie sich durch Distanz oder Manipulierung schuldhaft entziehen, die Welt Thereses, Pfaffs, Fischerles einerseits, der Irren andrerseits, ist furchtbar *und* komisch – auch hier wird der Einfluß Gogols deutlich. Sie liegt jenseits einer Verurteilung, die ja übrigens auch im Falle der beiden Brüder mit der ganzen Vielfalt erzählerischer Widerhaken gegen das vorschnell Eindeutige immer wieder in Frage gestellt wird. Eine Fabel ist der Roman nicht; viel mehr ein Dokument der geradezu ungeheuerlichen Schwierigkeiten des Zusammenlebens von Einzelnen, denen ihr Ungleich-Sein Gefangenschaft bedeutet, die aber nur noch undeutliche, unleserliche Spuren der Erinnerung an Möglichkeiten eines besseren Zusammenlebens in sich finden. Die Romanform erwies sich als das beste Medium, die Gestalten, Masken der Ungleichheit aufzuzeichnen, weil sie das gleichzeitige Agieren einer Vielzahl akustischer Masken ermöglicht und die Offenheit dessen, der sie verzeichnet, funktional integrieren kann. Auch die ›eigenen‹ Figuren dürfen keine Macht über den Autor oder gar über den Leser erlangen. Die Gefahr einer solchen Macht-Ausübung wird nicht bei einer Figur wie Peter Kien oder Pfaff liegen; beide sind auf ihre Weise durch die Konsistenz ihrer Maske daran verhindert. Die Gefahr geht eher von einer Figur wie der Georgs aus. »Die Subtilität einer dichterischen Figur, selbst wenn ich sie bewundere«, notiert Canetti 1960 (PM, S. 241), »erregt als Produkt dieser Zeit in mir Widerspruch: es scheint mir, daß sie sich selbst zu gut gefällt. Damit der Dichter ihr den Tritt geben kann, den sie verdient, muß sie irgendwo imstande sein, ihn zu fühlen.« Georg wäre dazu imstande. Er ist die ambivalenteste, psychologisch realistischste Figur des Romans. Unter den Bedingungen der fiktionalen Welt, nach deren Spielregeln er existiert, hat er reale Macht und ist deshalb gefährlich. Seine Macht hat ihre Basis in der Erkenntnis der Bedeutung des Masse-Erlebnisses für den einzelnen:

»Zahllose Menschen werden verrückt, weil die Masse in ihnen besonders stark ist und keine Befriedigung findet. Nicht anders erklärte er sich selbst und seine Tätigkeit. Früher hatte er persönlichen Neigungen, seinem Ehrgeiz und den Frauen gelebt; jetzt lag ihm nur daran, sich unaufhörlich zu verlieren. In dieser Tätigkeit

kam er Wünschen und Sinnen der Masse näher, als die übrigen
einzelnen, von denen er umgeben war.« (*Blendung*, S. 454)

Mit dieser Hypostasierung der Masse versäumt er aber die
Möglichkeiten der Heilung, des Rückfindens zu einer durch
das Selbst ausgeübten Kontrolle. Die behält er vielmehr sich
selbst vor, indem er – im Selbst-Genuß – sich unaufhörlich
im anderen verliert, unaufhörlich sanfte Gewalt ausübt. Der
Brand der Bibliothek Peter Kiens, die seine Welt war, nimmt
so gut das unmittelbar bevorstehende Menetekel vorweg wie er
auf Vergangenes, Wiederkehrendes deutet: die bald danach
stattfindenden Bücherverbrennungen im NS-Deutschland, die
große Bücherverbrennung im China des dritten vorchristlichen
Jahrhunderts. Dieser Brand ist aber nicht als unvermeidbar
dargestellt. Er hätte, bei anderem sozialen Verhalten Peters und
vor allem Georgs, verhindert werden können.

Die Destruktivität Thereses und Pfaffs liegt in der Unbeirrbarkeit ihrer Isolierung anderen gegenüber. In ihren a-sozialen
Handlungen zeigt sich die gefährliche Aggressionspotenz, die
sie in bestimmten Massenbewegungen ausagieren könnten, wo
dann der einfache Umschlag eines ›Nur-für-sich‹ in ein ›Au-
ßer-sich‹ schauliche Folgen hätte. Georg sieht diese Gefahr gar
nicht, schon weil er sich nicht vorstellen kann, daß er einmal
nicht mehr die Kontrolle ausüben könnte. Peter erkennt sie zu
spät: mit von der Krankheit geschärften Sinnen sieht er Pfaff:
»Sein Kopf war ja feuerrot.« (*Blendung*, S. 497) Ob und was
Therese und Pfaff selbst leiden, wird nicht gezeigt. In ihren
akustischen Gestalten ist ihre groteske Artikulations-Beschrän-
kung genau dokumentiert. Sie sind in ihrem So-und-nicht-an-
ders-Sein, in ihrer spezifischen Individualität ernstgenommen.
Abgeschlossen gegeneinander und gegen den (intellektuellen)
Leser, dem sie als typische Beispiele kleinbürgerlich-autoritärer
sexueller Verdrängung, Besitzgier und Aggressivität so bekannt
wie in ihren Handlungen von vornherein festgelegt erscheinen,
sind sie in der erfinderisch-variierenden Monomanie, der präzise verzeichneten Monotonie ihrer akustischen Maske zu exoti-
scher Undurchdringlichkeit verdichtet.

2.2. Die frühen Dramen

»Ich glaube, im Kern ist alles was ich mache, dramatischer
Natur«, sagte Canetti von seinen Texten. (GZ, S. 101) Die
ausgeprägte Vorliebe der Mutter für das Drama, das allein
Leidenschaften angemessen gestalte, dazu für das wirklich auf-

geführte Drama, im Gegensatz zum nur gelesenen (GZ, S. 182), war hier von Einfluß: »Shakespeare war ihr Ausdruck für die wahre Natur des Menschen, da war nichts verringert oder gelindert.« (GZ, S. 364) Kraus, der Shakespeare über alles stellte und häufig in seine Vorleseprogramme aufnahm, sollte diesen Einfluß verstärken. Auch die *Blendung* ist ja in hohem Maße ein Vorleseroman, wie die Dramen weitgehend nach dem Gehör geschrieben. (Nr. II A, 25) *Die Hochzeit,* entstanden im Winter 1931–32, ist für Canetti besonders wichtig, weil ihm, wie er in einem Gespräch mit dem Wiener *Sonntag* 1937 anläßlich einer seiner Lesungen dieses Werkes sagte, an dieser dramatischen Arbeit »wenn auch nachträglich, die tieferen Gesetze des Dramas klargeworden sind«. Außerdem hebt er an dem Drama hervor, daß es sein »eigenes Gesicht hat und von keinem Vorbild abhängig ist«. (Nr. I, 15, S. 14)

Von den »tieferen Gesetzen« des Dramas ist eines das der akustischen Maske, die jedes Individuum trägt: jeder hat seine 500 Wörter und grenzt sich im Sprechen so sehr damit gegen den anderen ab, daß diese 500 Wörter in Variationen so etwas wie eine Physiognomie ergeben. Zwischen den akustischen Masken und den im älteren Drama verwendeten konkreten Masken, auch den Tiermasken der Kultur Primitiver, besteht für Canetti eine Beziehung. Damit ist der Bedeutungskomplex ›Verwandlung‹ mit dem Konzept ›dramatisch‹ in Verbindung gesetzt. An Kraus bewunderte Canetti vor allem auch den meisterhaften Sprecher, den, der sich verwandeln, der eine große Anzahl akustischer Masken aufnehmen, ihnen Stimme geben kann.

»Man kann es nicht oft genug wiederholen: der wirkliche, der aufrüttelnde, der peinigende, der zerschmetternde Karl Kraus, der Kraus, der einem in Fleisch und Blut überging, von dem man ergriffen und geschüttelt war, so daß man Jahre brauchte, um Kräfte zu sammeln und sich gegen ihn zu behaupten, war der *Sprecher.* Es hat, zu meinen Lebzeiten, nie einen solchen Sprecher gegeben, in keinem der europäischen Sprachbereiche, die mir vertraut sind.« (GW, S. 43)

Zuhörer haben Ähnliches über Canetti selbst geäußert: Es gebe heute schwerlich einen Dichter aus dem deutschen Sprachbereich, meinte Erich Fried zu einer Lesung Canettis aus der *Hochzeit* 1962, »der ein Drama mit dreißig extrem verschiedenen Figuren mit so unheimlicher Präzision und Lebendigkeit zu lesen vermag«. An dieser Fähigkeit habe die Tatsache, daß Canetti seit zweiundzwanzig Jahren in England lebt, nicht das Geringste geändert: »Die Wiener Laute in ihrer Reichhaltigkeit sind alle da, als wären sie erst vor einer Stunde in ihn eingegangen, und man bedauert nur, daß die Wiener keine Gelegenheit haben, sich mit eigenen Ohren davon zu überzeugen.« (Nr. I, 15, S. 15) Sie haben sie bis heute nicht gehabt.

Von der Struktur des Dramas verlangt Canetti in dem Wiener Interview 1937, daß sie sich aus den Gestalten und ihren Konfigurationen im Raum konstituieren müsse. So unverwechselbar wie die einzelnen Figuren müsse auch der Bau des Ganzen sein. Die Rezeption der Dramen, deren oft bezweifelte Spielbarkeit, hat bis jetzt vor allem die Problematik der Zugänglichkeit solcher Baugesetze gezeigt. Das betrifft sowohl *Die Hochzeit* als auch die 1933–34 entstandene *Komödie der Eitelkeit*. In beiden Dramen ist auffällig die scharfe allegorische Konturierung der a-sozial handelnden bzw. sprechenden Figuren und der zentrale Impuls eines Grundeinfalls. Jedes Drama, sagte Canetti übrigens in jenem frühen Interview und offensichtlich pro domo sprechend, müsse von einem »vollkommen neuen Grundeinfall ausgehen, der die Welt als Ganzes mit einem neuen Licht beleuchtet«. Dieser Grundeinfall betrifft beidesmal die Benennung und Klärung der privaten Beziehungen als soziale. In der *Hochzeit* geht es um Objekt-Besitz als Hindernis sozialer Kommunikation, in der *Komödie der Eitelkeit* um Subjekt-Besitz, um die destruktiven Wirkungen der Isolierung durch Narzißmus. In beiden Fällen aber ist der »Grundeinfall« konkret und sinnfällig. So ist in der *Hochzeit* das Haus, jene deutlichste Konkretisierung bürgerlichen Sicherungsbestrebens, das zum Wahn verhärtete Objekt, um das hier alles Wünschen und Planen kreist, in der *Komödie der Eitelkeit* der Spiegel, auf den das wahnsinnige Ich-Verlangen schließlich revoltierender, isolierter Träger von Spiegel-Ichs fixiert ist. In beiden Fällen ist die Besitz-Gier durch die Sprachmasken überdeckt, d. h. durch sehr deutlich wahrnehmbare Variationen innerhalb der Maske je nach dem intendierten Empfänger der Botschaft, die immer eine mehr oder minder deutlich verhüllte Forderung ist. Im Zusammenspiel aller Masken, das deren Schöpfer/Aufzeichner herstellt, wirkt diese Überdeckung enthüllend. In der *Hochzeit* denken zwar alle Figuren immerzu und zwanghaft »Haus, Haus«, aber der einzige, der es immerzu sagt, ist der Papagei, der damit den Schlaf der anderen stört. Alle sozialen Beziehungen entpuppen sich als Besitzverhältnisse, sexuelle Promiskuität so gut wie eheliche Treue. Das Haus, der Wunsch nach seinem Besitz, zieht die überall waltende Gier allegorisch zusammen, so daß es, als Inbegriff einer falsch verstandenen, aber dringlich begehrten menschlichen Dauer und Beständigkeit, die notwendigerweise fluktuierenden sozialen Beziehungen zerstören muß.

Auf der Hochzeit, wenn das Einander-nicht-verstehenwollen der Figuren seinen Höhepunkt erreicht hat, wird von dem Idealisten Horch, der die variabelste Sprachmaske besitzt und deshalb am besten ›auf den anderen eingehen‹ kann, der Vorschlag gemacht, durch ein Gesellschaftsspiel die durch Essen und Trinken zerstreute Gesellschaft wieder zusammenzubringen: jeder solle sich ausdenken, wie er den ihm liebsten Menschen bei einem Erdbeben retten würde: »Wir sind doch Menschen, nicht wahr, das geben Sie mir zu, und da wir im Lügen mitten drin sind, da es sich angenehm lügt und lustig lügt auf einer segensreichen Hochzeit wie dieser, schenke ich Ihnen noch eine fette runde Lüge.« (*Dramen*, S. 54) Die Antworten enthüllen die sexuelle und materielle Besitzgier aufs deutlichste. Diese verschärft sich, ändert sich aber nicht grundsätzlich, als das Erdbeben sich tatsächlich ereignet. Die ›Moral‹ des Stükkes ist klar; es kommt auf die Wirkung dieser Klarheit an.

Als das Drama 1965 in Braunschweig uraufgeführt wurde und eine anonyme Anzeige wegen »Erregung geschlechtlichen Ärgernisses« einlief, die einen Prozeß verursachte, schrieb Adorno in einem die Aufführung unterstützenden Gutachten, das Stück sei »von einer fast moralisierenden, im übrigen gänzlich unzweideutig hervortretenden Absicht« (Nr. II B, 19, S. 58) – nämlich gegen die Reduktion sozialer Beziehungen auf Besitzverhältnisse gerichtet. Das ist sicherlich richtig; hinzuzufügen wäre aber, daß das didaktische Element hier wie in der *Komödie der Eitelkeit* oder in der *Blendung* auf recht deutliche Weise abwesend ist. Schreckliche Sprache, sprachlich konkretivierte Gewalt wird vorgeführt: so ist es, so kann man es hören und sehen. Die groteske Welt des jungen Canetti ist ohne Hoffnung, ist zum Entsetzen. Zurecht verweist Lämmle auf das »erschreckend Konkrete dieser Psychopathologie des Alltäglichen«. (Nr. II B, 19, S. 50) Es läßt dem Hörer/Zuschauer/Leser viel Freiheit und wenig Willkür.

Auch gegen die Aufführung der *Komödie der Eitelkeit* in Braunschweig 1965 gab es Störaktionen von seiten des Publikums. Allerdings könnten sich diese gegen die durch die Inszenierung – Filmeinlagen aus der Nazizeit – forcierte politische Festlegung des Dramas gerichtet haben. Es geht aber auch in diesem Stück um zugleich allgemeinere und spezifischere

Probleme. In einer Gesellschaft, in der alle Spiegel und Photographien zerstört worden sind, um die Eitelkeit, d. h. die übertriebene Konzentration auf sich selbst, die Isolierung des Ich zu bannen, sind die sozialen Beziehungen schwerer gestört als vorher, ist die Ichsucht, durch den Wegfall der teilweisen Befriedigung dieses Triebes, zu pathologischer Intensität gewuchert. Der Augenkontakt zwischen Menschen ist zur Selbstbespiegelung pervertiert; in Bordellen kann man der kranken Lust der Selbst-Bespiegelung frönen – gegen hohes Eintrittsgeld: verschiedene Grade von Selbstbefriedigung für verschieden hohe Preise. In dieser Situation kann sich keine sinnvolle (modifizierte) Unabhängigkeit von sozial erzwungenen Normen, von der Meinung des anderen in bezug auf das Bewußtsein des Selbst-Wertes bilden. Arme, die nicht über genügend Geld verfügen, um auf dem schwarzen Markt einen Blick in den Spiegel zu kaufen, betteln um Schmeichelei. Eine Ärztin, die in der Dunkelheit über die bettelnden Gestalten stolpert, beklagt sich: »So erzwingen sie sich Beachtung. Eine Erpressung eigentlich. Ausgehungert sind diese Menschen, unglaublich! Ich hab solche Angst! Einmal wird mir so ein Kerl einfach über den Kopf haun und fertig.« (*Dramen*, S. 131) Ihr Liebhaber beruhigt sie in ihrer Angst vor den Ich-Proletariern, indem er ihr »ihr Lied« verspricht: wenn man sich – als ›Gestalt‹ – schon nicht sehen kann, so will man sich wenigstens hören.

Dieser Grundeinfall einer dystopischen Gesellschaft weist eine interessante Verwandtschaft auf mit bestimmten neueren Einsichten in psychische Dynamismen, z. B. Jacques Lacan's 1949 formuliertes Konzept eines »stade du miroir« in der Entwicklung des Kindes, während dessen das Kind lernt, mit Hilfe des Spiegels sein ›öffentliches‹ Ich zu erkennen, so daß mit der Erfassung des Ich als ›Gestalt‹ im Spiegel auch die Interaktion mit dem ›anderen‹ gelernt wird. Wenn diese Spiegel-Periode fehlt, dann resultiert mit der unvollständigen Erfassung, Ergreifung des Ich auch eine Unfähigkeit zur Interaktion mit dem anderen (Nr. II B, 32 a) Spiegel kann in diesem Kontext auch metaphorisch verstanden werden, wie die sich auf Lacans Einsichten beziehenden Untersuchungen von D. W. Winnicott, »Mirror-role of Mother and Familiy in Child Development« zeigen: das Lernen der Ich-Erfassung und damit der Beziehung zum anderen durch frühe Selbst-Spiegelung im Gesicht der Mutter oder anderer für das Kind wichtiger Bezugspersonen. (Nr. II B, 32 b, S. 111–118)

Das Drama setzt ein mit Spiegelzertrümmerung und Photo-
verbrennung; bereits hier sind die Menschen dieser Gesellschaft
deformiert, das zeigt sich deutlich in den Kommentaren bei
den letzten Betrachtungen der Photos von Freunden und Verwandten, ›anderen‹ also, kurz vor der Vernichtung. Aber die
Entziehung von Spiegel und Bild verschärft nurmehr die De-
formierung. Das Dienstmädchen Marie, eine der ehrlichsten,
d. h. am wenigsten von den Normen der bürgerlichen Selbst-
Illusion, der falschen Selbst-Darstellung verzerrten Figuren,
beklagt sich beim Prediger Borsam über die Tatsche, daß es
jetzt keine Fensterscheiben mehr zu putzen gibt; die sind jetzt
aus Milchglas. Beim Fensterputzen hat sie früher durch das
»Aufschauen« der vorübergehenden »Herren« die notwendige
Selbst-Bestätigung, das notwendige Selbst-Gefühl gefunden. In
ihrer Kammer fehlt nicht, wie der Prediger ihr einzureden
versucht, ein Mann: mit dem würde sie doch nur streiten; es
fehlt ein Spiegel. Schon lange ohne Spiegel, streiten sich alle
ständig, da sie kein Selbst-Gefühl und daher kein Gefühl für
den anderen entwickeln konnten:

»Jetzt bin ich die Unordnung! Zehn Jahre bin ich die Unordnung! Ein Mann was mich so nimmt, will ich nicht! Daß Sie's nur
wissen! Mann, was mich so nimmt, gehört auf Misthaufen! Jetzt
bin ich die Unordnung! Mein Spiegel brauch ich! Auf Misthaufen
kommen Sie, daß Sie's nur wissen, mit Unordnung in Frau! Ganz
was anders brauch ich: Spiegel! Spiegel! Spiegel! (Dramen, S. 134)

»Die Unordnung« – das ist die nicht von und für sich selbst
und den anderen entdeckte und entwickelte Ich-Gestalt. Der
Mann, der es wert wäre, die Anstrengung des gemeinsamen
Lebens auf sich zu nehmen, darf nicht nur, sondern sollte eine
gewisse An-Ordnung und Um-Ordnung des als Gestalt erkannten Selbst erwarten. Was für Marie eine soziale Frage ist,
ist für den Prediger ein religiöses Rezept. Zur Zeit der Spiegel-
zerstörung und Bildverbrennung hielt er eine volkstümliche
Predigt über die Sündhaftigkeit der Spiegelbenutzer, die so
über alle Maßen groß sei, daß nicht einmal in der Hölle
Spiegel zu finden und keine der existierenden Strafen angemessen wären. (Dramen, S. 87 ff.) Von Marie, der er einen
Spiegel gibt, erwartet er, daß sie die damit verbundene Sünde
erkennt. Marie aber erkennt die Folgen von 10 Jahren »Unordnung«: was sie im Spiegel sieht, ist ihr unbekannt geworden
und deshalb inakzeptabel. Zu lange war der Prozeß der Konstituierung des Selbst unterbrochen. Die ohne solche Versuche

einer Ordnung des Selbst verbrachte Zeit war auch eine Zeit ohne erfahrbare allmähliche Verwandlung. Das ihr plötzlich aufgezwungene Ergebnis einer Verwandlung, durch nichts verursacht als die chronologische Zeit, die nicht ihre Zeit war, wird zum Trauma. Das Selbst, das sich ihr während der 10 Jahre ohne die durch das Selbst-Bild auch ermöglichte Offenheit für den anderen geformt hat, wird als falsches Selbst verworfen: Marie putzt heftig an dem kleinen Spiegel, gibt es auf und sagt wütend »A was, falsch ist er! Falsch!« (*Dramen*, S. 137)

Dabei ist Marie eine der wenigen Figuren im Drama, die sozialer Handlungen noch fähig sind. So verschenkt sie den Spiegel, der ihr nichts mehr nutzt, an eine alte Magd, die sich damit Geld zu verdienen hofft: sie heilt Spiegelkranke von der Erstarrung, die sie als Folge des Entzugs des Selbst-Bilds, der Selbst-Erfahrung befällt. Übrigens ist auch sie des Mitleids fähig und heilt zuweilen, ohne Geld dafür zu verlangen. Der Motor ihres Lebens-, d. h. ihres Erwerbs-Willens ist die Sehnsucht nach ihrem verlorenen Bruder. Aber ihre Liebe ist so selbst-aufopfernd wie – sehr wörtlich – vom anderen Besitz ergreifend (*Dramen*, S. 95 f.), daß der Bruder, als sie ihn findet, sie zunächst nicht erkennt, sie deshalb seinetwegen ins Gefängnis gerät, am Ende beide einander nicht erkennen, sich gegenseitig anzeigen und von einer totalitären Justiz zerstört werden.

Die soziale Tabuisierung der Selbst-Liebe hat groteske Folgen, in die Wörtlichkeit und Entsetzen eingegangen sind. Ein Beispiel ist das Spiegel-Bordell. So wie vorher – in unserer Gesellschaft – die nicht durch die Ehe regulierte Sexualität nur dann geduldet war, sobald und solange sie direkt bezahlt und damit zuverlässig, d. h. einseitig kontrolliert wurde, so jetzt das zur Selbst-Sucht reduzierte Bedürfnis der Selbst-Liebe, Ich-Konstituierung. Sozial geduldet ist in beiden Fällen die angenommene Selbst-Befriedigung, wenn sie zur angenommenen Neutralisierung potentiell gefährlicher, kreativer Energien führt. Eros als Hinwendung zum anderen, ein offenes Selbst, das im Austausch mit dem anderen zu Wandlungen fähig bleibt, sind nicht derart zuverlässig steuerbar. Die Bordellbesitzerin hat sich also von Mädchen auf Spiegel umgestellt. Durch hohe Strafen erzwungen, wäre es verboten, ›unmöglich‹, ›undenkbar‹ gewesen, Spiegel in dem Raum aufzustellen, in dem ›Liebe‹, d. h. Liebes-Objekte, verkauft werden. Es ist illegal, aber möglich, denkbar, die Spiegel selbst zu den käuflichen Objekten zu machen. Sitze vor dem Spiegel werden in drei

Klassen zu drei verschiedenen Preisen verkauft. Da die Selbst-Befriedigung alle andere Wahrnehmung ausschließt – den Nachbarn, der neben einem sitzt, den Spiegel, in dem sich dieser Nachbar betrachtet –, war es der guten Geschäftsfrau möglich, viele Jahre hindurch ihre Kunden zu betrügen: niemand hat gemerkt, daß alle Spiegel gleich waren, was immer man dafür zu bezahlen hatte. Der Waren-Charakter des Selbst, dessen statische, verfügbare Qualität, wird in dieser Täuschbarkeit der Kaufenden schlagend deutlich.

Das Bordell nennt sich Sanatorium und beschäftigt eine Psychiaterin, die mangelnde Selbst-Sucht, Eitelkeit, Spiegel-Sucht ausgreichen will wie ein verdrängtes Triebleben. (*Dramen*, S. 166 f.) Ihr Mann, dessen Selbst-Befriedigung sich im Applaus für seine Reden erschöpft, hat im Bordell ein Luxus-kabinett mit Spiegel und Applausmaschine gemietet. Durch einen zufälligen Fehler des Applausapparats sind seine aus aneinandergereihten Klischees bestehenden Reden in den Spiegelraum übertragen worden und jeder nimmt sich ein paar ihm zusagende Klischees heraus, die zur (konservativen) Revolution gegen das repressive Regime begeistern: der Schlachtruf heißt »Ich«. Das Ergebnis ist nicht die Legitimierung der Spiegel und daraus folgend eine allmähliche Öffnung, Flexibilität, Besserung sozialer Beziehungen, sondern eine Hypostasierung des Spiegels, d. h. eine statisch starre Fixierung des Ich auf sein Selbstbild, eine zunehmend verhärtete Absplitterung, Isolierung des Einzelnen.

Wie in der *Hochzeit* und der *Blendung* ist das zentrale Thema der *Komödie der Eitelkeit* die nicht bewältigte Interaktion, Interdependenz des einzelnen und der Gruppe und die von diesem sozialen Mangel genährten Massen-Eruptionen. Fried fragte 1962 in der wichtigen Einleitung zu seiner Canetti-Auswahl: »Es ist kaum zu fassen, daß diese grandiose Komödie in Österreich nicht längst aufgeführt ist. Vielleicht hat sich niemand die Mühe genommen, sie zu lesen. Die Figuren sprechen zum größeren Teil in Wiener Mundart. Wo denn sonst ließe sich ein solches Stück auf die Bühne bringen?« (Nr. I, 15, S. 17) Bald darauf wurde es in Deutschland aufgeführt – ohne Erfolg. Die Gründe, die von Kritikern vorgebracht wurden, die durchaus Respekt für Canettis Werk haben, sind aufschlußreich: das Stück sei, wie auch die *Hochzeit*, zu »kopflastig«; der jeweilige Grundeinfall trage die Symptome nicht genügend, die deshalb zu mechanisch angegliedert erschienen. »Das Thema bildet sich nicht organisch aus.« (zit.

Nr. II B, 19, S. 48). Es ist wahr, daß sich in Canettis Stücken eine atmosphärische Einheit, wie sie selbst das absurde Theater anstrebt, nicht herstellt. Sie kann allenfalls – aber auch dann nur annähernd, immer in Frage gestellt – von einem guten Regisseur hergestellt werden. Dem Ohrenzeugen Canetti ist sie jedenfalls nicht möglich, da er sich auf die akustischen Masken, ihr konfliktreiches Beharren in ihrer jeweiligen Eigenheit konzentriert, um an ihrem Zusammenstoß sozialpsychologische Probleme konkret zeigen zu können. Das Ergebnis ist eine merkwürdige, aber überzeugende Verbindung von abstrakter Begrifflichkeit und sich dieser immer wieder entziehender Wörtlichkeit.

Der Grundeinfall, der sich immer durch schlagende Wörtlichkeit auszeichnet, stammt aus dem gleichen Beobachtungsbereich wie die dramatischen Figuren, deren Konstellationen Canetti nach eigenen Worten »wie Themen« behandelt hat. (PM, S. 17) Er ist das Grundthema, das die Unterthemen in immer erneuten Variationen umkreisen und erweitern. Jede dramatische Figur ist wie ein Instrument in der Musik und läßt sich (wie schon erwähnt) auf ein Tier zurückführen:

»Jedes Instrument ist ein ganz bestimmtes Tier oder zumindest ein eigenes und wohlabgegrenztes Geschöpf, das mit sich nur auf seine Weise spielen läßt. Im Drama hat man die göttliche und über alle anderen Künste erhabene Möglichkeit, neue Tiere, also neue Instrumente, neue Geschöpfe zu erfinden, und je nach ihrer thematischen Fügung eine immer wieder andersgeartete Form. Es gibt also unerschöpflich viele Arten von Dramen, solange es neue ›Tiere‹ gibt. Die Schöpfung, sei es, daß sie erschöpft, sei es, daß der geschwinde Mensch sie überholt hat, wird so ganz buchstäblich ins Drama verlegt.« (PM, S. 17)

Nun ist nicht einzusehen, warum das gleiche nicht auch für einen Roman gelten sollte. In der Tat sind Canetti die strukturellen Ähnlichkeiten zwischen der *Blendung* und den frühen Dramen durchaus deutlich. Seine Definition des Dramas sollte man – wie übrigens auch die folgende, im selben Jahr 1942 niedergeschriebene Notiz: »Das Drama ist von allen Möglichkeiten des Menschen, sich zusammenzufassen, die am wenigsten verlogene« (PM, S. 24) – eher als versuchsweise, provozierende Überlegung zum Problem des Dramatischen nehmen, denn als eindeutig, endgültig gemeinte Formulierung. Nützlich sind solche Überlegungen, weil sie auf die Verbindung von formalen und Bedeutungs-Intentionen verweisen, an der Canetti immer festgehalten hat.

37

An der Mutter konnte der Junge die glückliche Erregung, die Faszination der Verwandlungen beobachten, wie sie gelungene Verwirklichungen, gute Aufführungen von Dramen ermöglichen. Der Erwachsene bewunderte den Sprecher Karl Kraus, und diese Bewunderung beeinflußte seine eigenen Lesungen aus seinem Drama *Die Hochzeit.* Für die Aufführung von Canettis Dramen, an der ihm sehr gelegen ist, bedarf es einer Regieführung, die das Begriffliche deutlich herausarbeitet und dennoch die Wörtlichkeit erhält und stützt. In der *Komödie der Eitelkeit* sollte heute das begriffliche Problem – die sozialpsychologische Aufdeckung der dynamischen Interdependenz des Selbst und des anderen in der Sprache des Selbst – einem zeitgenössischen Publikum relativ zugänglich sein. Es bleibt dann aber noch die schwierige Aufgabe, die Wörtlichkeit sowohl wie die metaphorische Komplexität des Grundeinfalls, die Tabuisierung/Käuflichkeit des Spiegelbilds, in den verschiedenen Figurenkonstellationen überzeugend darzustellen. Der Regisseur Hans Hollmann hat sie im Februar 1978 glücklich gelöst: die Basler Aufführung des Stücks wurde ein großer Erfolg – so groß, daß Hollmann mit dieser Inszenierung für 1979 an das Wiener Burgtheater verpflichtet worden ist; nun werden also auch die Wiener das Stück sehen können.

Hollmann hatte sich – das war eine wichtige Voraussetzung – mit der sehr gut aufgenommenen Aufführung von Kraus' *Letzten Tagen der Menschheit* einen Namen gemacht. Canetti selbst, der über die gelungene Aufführung seines Dramas sehr glücklich war, schrieb dazu: »Es war als handle es sich um ein ganz aktuelles Stück von heute. Hans Hollmann hat vor einigen Jahren die ›Letzten Tage der Menschheit‹ an zwei Abenden zur Aufführung gebracht, eine großartige Inszenierung, und ist durch sie berühmt geworden. Ich fand seine Auffassung der ›Komödie‹ nicht weniger interessant und weiß jetzt bestimmt, daß das Stück spielbar ist.« (Mitteilung an Verf., 10. Juni 1978) In der Tat ist das Stück heute so aktuell wie kurz vor dem Ausbruch des zweiten Weltkriegs, denn die Problematik des Selbst und des anderen als die des Einzelnen in der Massengesellschaft hat sich nicht gelöst, sondern eher verschärft, auch wenn wir über die Zusammenhänge mehr wissen als damals. *Die Komödie der Eitelkeit* verweist mit ihrer konsequenten Demonstration der verheerenden Folgen einer so totalen Isolierung des Selbst auf viele der Fragen, die in *Masse und Macht* gestellt werden sollten, vor allem auf die sozial lebenswichtige Frage der Verwandlung.

Canetti verließ nach dem Anschluß Österreichs an das nationalsozialistische Deutschland 1938 Wien mit seiner Frau und
ließ sich in London nieder, wo er bis heute lebt. Wichtig waren
ihm in Wien die Menschen auf der Straße und in Lokalen
gewesen, deren Sprachgestalten er aufzeichnete. Wichtig war
das Zimmer, in dem er von 1927 bis 1933 lebte, in der Nähe
des Lainzer Tiergartens, mit der Aussicht auf ein Sportfeld und,
auf dem Hang gegenüber, Steinhof, die von Mauern umgebene
Stadt der Irren. »Der tägliche Blick auf Steinhof, wo 6000 Irre
lebten, war der Stachel in meinem Fleische. Ich bin ganz sicher,
daß ich ohne dieses Zimmer die ›Blendung‹ nie geschrieben
hätte.« (GW, S. 223) Aber auch die Dramen so wie *Masse und
Macht* sind von der in diesem Raum gemachten Erfahrung
genährt: schwebend zwischen den schreienden Massen auf dem
Sportfeld, die ihm in ihrem Schrei sinnlich gegenwärtig waren,
und den hinter den Mauern verborgenen Möglichkeiten monströs deformierter Prozesse des Selbst. Das Rätsel der Masse,
sinnlich offenbar in dem zum Körper verdichteten Schrei, verband sich ihm mit dem der Irren, einer bewegten Unzahl, deren
Willen und Wünsche gegen die sichtbaren Mauern stießen.

Wichtig waren für Canetti in Wien auch die Kontakte mit
Intellektuellen und Künstlern gewesen. Er selbst nennt den
Bildhauer Fritz Wotruba, über den er 1955 einen Essay schreiben sollte, den Maler Georg Merkel, Alban Berg, auch Broch
und Musil, von deren Werk er tief beeindruckt war. (GW,
S. 232 und Brief an Verf. 10. Juni 1978). Musil, der in
Sachen Literaturbetrieb den unbestechlichen, deshalb unbequemen und zuweilen wohl auch nicht ganz fairen Blick des
Außenseiters hatte, zog sich plötzlich zurück, als Canetti stolz
von einem Brief Thomas Manns (CL) erzählte, der über die
Blendung »einige kluge und viele schmeichelhafte Dinge« sagte.
Wahrscheinlich sah er Canetti schon den verhaßten kulturellen
Macht- und Parteienkämpfen verfallen. Canetti bewunderte
Musils Werk, aber auch seine außerordentliche Klugheit im
Gespräch, und bedauerte Musils Entschluß sehr. Thomas Mann
hatte er die *Blendung* geschickt, als sie noch »Kant fängt
Feuer« hieß, aber das dicke Paket aus drei Manuskriptbänden
umgehend ungelesen zurückbekommen.

»Es ist kaum zu glauben, aber ich war der Meinung, daß ich ihm
mit dieser Sendung eine Ehre erwies. Ich war sicher, daß er einen
der Bände nur aufzuschlagen brauche, um nie mehr mit dem Lesen
aufhören zu können [...] Ich war felsenfest davon überzeugt,
daß ich ein besonderes Buch geschrieben hatte, und es ist mir bis

zum heutigen Tage ein Rätsel, woher ich diese Gewißheit bezog. Meine Reaktion auf die schmähliche Abfuhr war, daß ich beschloß, das Manuskript nun liegenzulassen und nichts damit zu unternehmen.« (GW, S. 232)

Hier spricht nicht der inzwischen berühmt gewordene Schriftsteller, der sich, zusammen mit dem Hörer/Leser, und auf diese Weise ein liebenswürdiges Einverständnis mit ihm herstellend, über sein früheres Selbst lustig macht. Die Gewißheit, etwas Besonderes geschrieben zu haben, steht unausgesprochen, aber deutlich hinter allen Texten, die Canetti zur Veröffentlichung freigegeben hat, und sie war geradezu lebenswichtig in der langen Zeit, während der er in London an *Masse und Macht* arbeitete, ohne von seiner Wirkungslosigkeit bedrückt zu sein. Hier wird vielmehr jenem früheren Selbst noch einmal die Stimme verliehen und obwohl der Anspruch in damaliger Form jetzt als übertrieben beurteilt wird, so doch auch im Grundsatz gerechtfertigt – wobei für uns, die Leser, die Tatsache der Leistung und des ungewöhnlich offen ausgesprochenen Stolzes darüber von Bedeutung ist. Es dauerte vier Jahre, ehe das Buch einen Verleger fand; aber alle Absagen bestärkten Canetti »in der Sicherheit, daß dieses Buch später leben würde«. (GW, S. 232) Und allein darauf kam es an. Canettis konsequent weltlich-irdische Sicht der sozial-kulturellen Tradition schließt einen recht konkreten, langfristigen Wirkungswillen ein: Unsterblichkeit im Rahmen menschlicher Zeit und Erinnerung, Größe im menschlichen Maß, an bewunderten Vorbildern gemessen.

Thomas Mann, so wird zu Ende des Berichts über die Entstehung der *Blendung* bemerkt, las das Buch sofort nach dem Erscheinen und schrieb jenen Brief, der Musil so verstimmte und Canetti selbst »auf zwiespältige Weise« bewegte: »erst als ich ihn gelesen hatte, wußte ich, wie unsinnig die Wunde war, die seine Weigerung mir vor vier Jahren geschlagen hatte« (GW, S. 233) – aber sie hatte gewirkt und sollte weiterwirken. Sie bestärkte ihn in seiner unzeitgemäß emphatischen Auffassung von der Verantwortlichkeit des Dichters – wer sonst hätte es 1976 gewagt, eine Rede über den Beruf des Dichters zu halten? Diese Auffassung, auch wenn sie unpathetisch vorgetragen wurde und mit einer bemerkenswerten Offenheit des nun berühmten Dichters im Umgang mit anderen zusammengesehen werden muß, basiert auf der Forderung nach jener Identität von Werk und Leben, die sich in Wien unter dem Einfluß von Kraus und auch Musil so eindeutig geformt hatte.

Aber noch ein anderer Einfluß trat hinzu. Von dem Gelehrten und hebräischen Dichter Abraham Sonne schreibt Canetti, daß es seit Kraus »nichts ›Wichtigeres‹« in Wien für ihn und auch für die anderen, mit denen Sonne umging, gegeben habe: »der bedeutendste Geist und Mensch, dem ich je begegnet bin. Sonne lebte ganz verborgen, jedem Ehrgeiz abgeneigt, ein Gelehrter auf vielen Gebieten ohne Anspruch auf irgendeines, von einer Gerechtigkeit und Präzision des Urteils, die ihn zum verehrten Ratgeber fast aller Menschen machte, (sehr viele waren es ja nicht), die damals in Wien auf ihrem Gebiet etwas Neues versuchten. Ich hoffe immer, daß ich ihn noch einmal so darstellen werde, wie es ihm gebührt. Sollte ich aber vorher sterben, so wird man ihm in meinem Nachlaß immer wieder begegnen.« (Brief an Verf., 10. Juni 1978)

2.3. Die Broch-Rede

Am Ende der Wiener Zeit steht 1936 die Rede zu Brochs 50. Geburtstag, die Canetti an den Anfang der 1975 erschienenen Essay-Sammlung *Das Gewissen der Worte* stellte. Sie sagt mehr über Canetti selbst aus, der damals die *Schlafwandler* und kürzere Texte wie »Die Heimkehr« kennt und bewundert, als über Broch. Canettis Dichtungs- und Dichter-Begriff ist von der »prallen und entsetzensvollen Spannung« der Zeit geprägt (GW, S. 10): der »wahre Dichter« ist »der Hund seiner Zeit«, »in alles steckt er die feuchte Schnauze«. Seine »unheimliche Beharrlichkeit« in der Verfolgung der Spuren scheint – von außen gesehen – ein »Laster«: er bekommt nie genug und bekommt es nicht schnell genug. Originalität, Universalität werden schon hier für den wahren Dichter gefordert – und an Broch bewundert Canetti die Haltung eher denn die Leistung der Bemühung um ein Wissen auf vielen Gebieten. Die Rede berührt Probleme, deren zentrale Wichtigkeit für Canettis Werk sich immer deutlicher abzeichnen sollte: zusammen mit der Forderung an den Dichter, sich so vollkommen wie möglich der konkreten Erfahrung seiner Zeit hinzugeben, geht die, sich der Tatsache des Todes zu widersetzen, d. h. die soziale Bedeutung dieser Tatsache ganz verstehen zu lernen. Die Sätze, in denen diese Forderung ausgesprochen wird, sind heute für Canetti so gültig, d. h. so absolut und konkret zu verstehen, wie sie es damals, kurz vor den grauenhaften Morden des vom Faschismus entfesselten Kriegs waren:

»Der Tod ist die erste und älteste, ja man wäre versucht zu sagen: die einzige Tatsache. Er ist von monströsem Alter und stündlich neu. Er hat den Härtegrad Zehn und wie ein Diamant schneidet er auch. Er hat die abolute Kälte des Weltraums, Minus Zweihundertdreiundsiebzig Grad. Er hat die Windstärke des Hurrikans, die höchste. Er ist der sehr reale Superlativ, von allem; nur unendlich ist er nicht, denn auf jedem Weg wird er erreicht. Solange es den Tod gibt, ist jedes Licht ein Irrlicht, denn es führt zu ihm hin. Solange es den Tod gibt, ist nichts Schönes schön, nichts Gutes gut.« (GW, S. 15)

Der Tod gehört nur sekundär der Philosophie oder der Religion an; primär ist er ein soziales Problem. Für Kraus – und noch einmal ist hier auf die außerordentliche Wichtigkeit von Kraus' Leistung für Canettis Werk zu verweisen – ist die Analyse der sich sprachlich manifestierenden sozialen Dummheit und Aggressivität der einzige Weg, die soziale Unfaßbarkeit und Hinnahme/Machbarkeit legalen Tötens aufzuzeigen und anzuprangern. Die Schrecken der Atombombe, heißt es bezeichnenderweise in Canettis Kraus-Essay, waren schon in seinem Wort. (GW, S. 44) Sein Wort; das waren Zitat und Kommentar. Canetti geht noch hinter die (sprachlichen) Phänomene sozialer Retardierung zurück. Er greift die Tatsache des Todes selbst an, und zwar mit einer Wörtlichkeit, die ihm den Vorwurf des Fanatismus, der Phantastik eingebracht hat. Brochs *Tod des Vergil* sowie seine kulturpessimistische, metaphysisch begründete *Massenpsychologie* sollten Canetti fremd bleiben, wie er wiederholt im Gespräch erwähnt hat. (Zur Verf. Aug. 1976, Aug. 1978; hierbei verwies Canetti auch auf die Abneigung des Japanologen und Sinologen Arthur Waley, dessen Urteil er sehr schätzte, gegen den *Tod des Vergil*).

Das zweite Thema, um das die Broch-Rede kreist, ist das des Atems: des Atemraums, Atembilds, Atemgedächtnisses. Über 30 Jahre später, im Kafka-Essay, sollte Canetti von Kafkas besessener und realistischer Suche nach guter Luft, Luft, die sich atmen ließ, schreiben. (GW, S. 90 f.) Auf eigentümlich konkrete Weise, wie sie später in *Masse und Macht* voll entwickelt wird, bezieht er kulturelle Leistungen auf psychisch-physische Erfahrungen. An Brochs »Heimkehr« wird die besondere, empfindlich-vorsichtige Behandlung der Figuren im Erlebnis-Raum hervorgehoben, der mit dem Atem-Raum in Beziehung steht. Brochs Behutsamkeit seinen Figuren gegenüber – so sieht es Canetti jedenfalls in dem frühen Text »Die Heimkehr« – so gut wie seine Offenheit gegenüber dem anderen im Gespräch, machen ihn für das ebenso flüchtige wie wichtige Medium der Kommunikation, die Luft, das Atmen, das an der Sprach-Formung so viel Anteil hat, empfindlich. Gegen Ende der sehr ungewöhnlichen Geburtstagsrede, die Canettis Versuch ist, die an sich erfahrene Wirkung eines Menschen in seine eigene kreative Welt einzubeziehen, heißt es von der Luft, sie sei »die letzte Allmende. Sie kommt allen gemeinsam zu. Sie ist nicht vorgeteilt, auch der Ärmste darf von ihr nehmen. Und wenn einer schon Hungers sterben müßte, so hat er, was gewiß wenig ist, immerhin bis zum Schluß geatmet.« (GW, S. 22) Aber diese Gewißheit liegt in der Vergangenheit. Mit dem ›prophetischen‹ Blick dessen, der gegenwärtiges und vergangenes soziales Verhalten genau beobachtet, stellt Canetti fest, daß dieses Letzte, was uns allen gemeinsam ist, uns alle vergiften wird. Brochs Werk, »zwischen Krieg und Krieg, Gaskrieg und Gaskrieg, stehend, könnte als das Werk eines Dichters gesehen werden, der »besser zu atmen versteht als wir« und deshalb bereits am Gas erstickt, »das uns anderen, wer weiß wann erst, den Atem benehmen wird«. (GW, S. 22)

3. MASSE UND MACHT

3.1. Masse und Macht / Die Aufzeichnungen: Verwandlung und Bedeutung

> »Ich habe es satt, die Menschen zu durchschauen; es ist so leicht und führt zu nichts.«   (PM, S. 69)

> »Wer nicht an Gott glaubt, nimmt alle Schuld der Welt auf sich.«   (PM, S. 77)

Wie das Todes-Konzept, so lebt auch Canettis Begriff der Masse aus der Substanz persönlicher Erfahrung und bezieht daher seine eigentümliche Mischung von ›absoluter‹ Urteils-Sicherheit und konkreter Präzision der Anschauung. Das in diesem Sinne wichtigste Erlebnis der Masse fiel bereits in die Frankfurter Zeit 1921–24, die turbulenten Ereignisse der deutschen Inflation, die seine Mutter als nach der Züricher Idylle heilsamen Sturz in die verworrene Realität für ihn gewählt hatte. Es war die Anarchie, der Zusammenbruch einer zivilisierten, hochorganisierten Gesellschaftsordnung. Der junge Mann sah hungernde Passanten auf der Straße zusammenbrechen; er erlebte, wie der durch den normalen Geldverkehr schon sehr abstrahierte Tausch von Gütern, auf dem das komplexe soziale System gründete, durch eine gleichsam surreale Verschärfung der Abstraktion – Millionen von Mark für ein Brot – in die traumatische Verspottung aller gewohnten, d. h. überschaubaren Sicherheit und Ordnung umschlug. Er sah die erste große Demonstration im Juni 1922 nach der Ermordung Rathenaus: »Das Bild der Masse hat mich von diesem Augenblick an nicht mehr verlassen. Ich ging ihr nach, wo ich konnte, und so heftig ich sie am eigenen Leib empfand, so blieb doch immer ein scheinbar unbeteiligter Rest in mir, der sich fragte, was denn diese Masse eigentlich sei.« (Nr. I, 15, S. 19) Die Idee eines Buches über die Masse folgte bald auf dieses Erlebnis: »Ich war von diesem Gedanken wie besessen, nichts vermochte mich davon abzubringen. Mit List und Zähigkeit, gegen den Widerstand aller, die anderes von mir erwarteten, hielt ich daran fest. Das größte äußere Erlebnis in dieser Richtung war der 15. Juli 1927, der Tag, an dem der Wiener Justizpalast in Flammen aufging.« (Nr. I, 15, S. 19)

Von diesem Erlebnis und dessen Bedeutung für die *Blendung* war schon die Rede. Das Fest-Halten an dieser Idee – z. B. auch gegen den Widerstand der Freunde, die nach der *Blendung* und den Komödien weitere Romane und Dramen von ihm erwarteten – hat sicherlich zu dem eigenartigen Charakter des Masse-Buches beigetragen. Diese Weigerung jeder Festlegung gegenüber hat sich auch bei der Verwendung der unterschiedlichsten Dokumente sozialen Verhaltens durchgesetzt, der bewußten Grenzüberschreitung der Disziplinen Anthropologie, Psychologie, Philosophie, Soziologie. Broch, dem Canettis Interesse an dem Phänomen der Macht aus Gesprächen bekannt war – sein Mißverständnis von Canettis Massen-Konzept in der *Blendung* wurde schon erwähnt – warnte ihn, sich allzusehr auf dieses Thema einzulassen: «›Sie werden Ihr Leben damit verbringen‹, sagt er. ›Man kann da auf nichts Rechtes kommen. Es ist alles zu unbestimmt. Es ist schade um Ihre Zeit. Schreiben Sie lieber Ihre Dramen.‹« (Nr. I, 15, S. 20) Broch sollte später selbst lange Zeit mit seinen massenpsychologischen Studien verbringen, die Fragment geblieben sind; im Gegensatz zu Canetti konnte er das Anders-Sein der Masse nicht hinnehmen und dann präzise beschreiben, weil er sich zu stark von seinem emotionalen Widerstand, seinem Unbehagen diesem vage, aber bedrohlich Fremden gegenüber leiten ließ. Für Canetti war die Masse nicht etwas Unbestimmtes, sondern ein zwar komplexes, aber verständliches Phänomen, dem man mit Geduld und genauer Beobachtung beikommen konnte.

Die Arbeit an *Masse und Macht* sollte denn auch Jahrzehnte währen. Sie wurde begleitet von den *Aufzeichnungen* als einer Art Gegengewicht gegen den Zwang der schwierigen Aufgabe, auf die Canetti sich eingelassen hatte. »Aufzeichnungen«, sagt Canetti in dem Essay »Dialog mit dem grausamen Partner« von 1965,

»sind spontan und widersprüchlich. Sie enthalten Einfälle, die manchmal unerträglicher Spannung, oft aber auch großer Leichtigkeit entspringen. Es ist nicht zu vermeiden, daß eine Arbeit, die durch Jahre von Tag zu Tag fortgesetzt wird, einem manchmal schwerfällig, aussichtslos oder verspätet erscheint [...] Das Unerträgliche der auferlegten Arbeit kann dieser sehr gefährlich werden. Ein Mensch, und das ist sein größtes Glück, ist vielfältig, tausendfältig, und er kann nur eine gewisse Zeit so leben, als wäre er's nicht. In solchen Augenblicken, da er sich als Sklave seiner

Absicht sieht, hilft ihm nur eines: er muß der Vielfalt seiner Anlagen nachgeben und wahllos verzeichnen, was ihm durch den Kopf geht. Es muß so auftauchen, als käme es von nirgends her und führe nirgends hin, es wird meist kurz sein, rasch, blitzartig oft, ungeprüft, ungemeistert, uneitel, und ohne jede Absicht.« (GW, S. 51 f.)

Auf diese Weise schreibt er Dinge nieder, »die er nie in sich vermutet hätte« – auch solche, die seiner Vorstellung von sich selbst widersprechen. Eine Aufzeichnung von 1943 kommentiert den Vorgang: »Ich möchte einfach bleiben, um die vielen Figuren, aus denen ich bestehe, nicht durcheinanderzubringen.« (PM, S. 64) Die Auswahl aus diesen Aufzeichnungen trifft er dann sehr viel später, »wenn alles wie von einem anderen Menschen ist«, d. h. er selber schon zu den anderen gehört und die Brauchbarkeit der verzeichneten Einfälle besser beurteilen kann. (GW, S. 52) Es ist für den Leser von *Masse und Macht* wichtig zu verstehen, wie die Offenheit des Schreibenden den Dokumenten anderer, oft überraschenden sozialen Verhaltens gegenüber korrespondiert mit der Offenheit dem Prozeß des ihn oft erstaunenden Selbst gegenüber.

1959, als er das Manuskript des Buches, von dem sein »ganzes erwachsenes Leben« erfüllt gewesen war, gerade an den Verleger abschicken will, erinnert sich Canetti der Ungeduld der Freunde, deren Mahnungen zum Abschluß er natürlich verstehen, aber nicht annehmen konnte. (PM, S. 234 f.) Der Prozeß des Begreifens, was geschehen war, was immer geschah, war langwierig gewesen; denn um sich, wie er in der Einleitung zur ersten Auswahl aus den Aufzeichnungen sagt, von der »nackten Welt« auch nicht einen Moment abwenden zu können, hatte er sich mit sehr viel Wissen über den Menschen anfüllen müssen. Die Eruption der mörderischen Aggressivität der Kleinbürger, der isolierten Einzelnen in einer Massengesellschaft, von faschistischen Demagogen ausgenützt, aber auch die Massenbewegungen bei Streiks, Demonstrationen gegen die Regierung – was hatten sie gemeinsam? Der Austromarxist Ernst Fischer berichtet in seinen *Erinnerungen und Reflexionen* (Nr. I, 14 S. 239) von einem Gespräch über Probleme der Masse und Massen-Führung in der gefährdeten österreichischen Sozialdemokratischen Partei, das er mit Canetti kurz vor dessen Emigration nach England führte. Er beschreibt bezeichnenderweise sein eigenes Mißverständnis von Canettis Analyse des Beobachteten: nach Canettis Erfahrung war das Verhältnis der Masse zu ihren Führern nicht so ausschlaggebend für ihre Bewegungsmechanismen, wie Fischer es annahm, dem es als politisch Handelndem – und als solcher interessierte er Canetti (Brief an Verf. 10. Juni, 1978) – um ihre Manipulierung ging. Die Grundgesetze der Massen-Bewegungen waren anderswo zu suchen.

In London machte Canetti sich an die Arbeit. Von Veronika Wedgwood, der bekannten Historiographin der englischen Revolution (die auch der *Blendung* durch ihr Interesse an dem Buch und ihre vorzügliche Übersetzung in England zum Erfolg verhalf) erhielt er viel konkrete Information über Massen-Verhalten im England des 17. Jahrhunderts. Darüber hinaus erhielt er sehr wichtige Anregungen im Umgang mit den Sozialanthropologen Mary Douglas in London und Franz Baermann-Steiner in Oxford. »Unendlich viel« bedeutete ihm Arthur Waley wegen »seiner ostasiatischen Gelehrsamkeit«. »Es ist aber auch zu sagen, daß besonders in der englischen Zeit Erfahrungen durch Bücher oft ebenso wichtig, manchmal sogar noch wichtiger wurden als solche durch Menschen. Etwas davon ist vielleicht auch in der ›Provinz des Menschen‹ zu spüren: die Bedeutung der ›geheimen Geschichte der Mongolen‹ z. B., der Bibel, des Korans, der Buschmann-Mythen und unzähliger anderer Sammlungen von Mythen.« (Brief an Verf., 10. Juni, 1978) Joachim Schickel beschreibt das Londoner Arbeitszimmer Canettis, »nicht angefüllt von, sondern bestehend aus Büchern«. Und zu keiner von den vielen Fragen, die im Gespräch berührt wurden, sei ihm Canetti Antwort und Buch schuldig geblieben. (Nr. III A, 41, S. 13)

Die Liste der Texte, wissenschaftlichen Untersuchungen und Quellen, der Berichte und Dokumente aller Art, die in *Masse und Macht* eingegangen sind, ist zahlreich und vielfältig – vielleicht die unmittelbar und am stärksten auffällige Eigenheit des Buches ist seine Offenheit für eine große Anzahl divergierender Stimmen, die alle gleichberechtigt zu Wort kommen dürfen. Sie basiert auf einer intellektuellen, imaginativen Haltung des ›nichts Voraussetzens‹, ›auf alles selber Stoßens‹, des Mißtrauens gegen Kategorien und alles das, was man nicht empfinden kann. Es gibt eine Reihe von Aufzeichnungen, die einer simplistischen Wissenschaftskritik das Wort zu reden scheinen – die zu einseitige Aufzeichnung über Francis Bacon z. B. (PM, S. 54) oder eine lapidare und nicht sehr hilfreiche, weil leicht mißverständliche Feststellung wie: »Der Beweis ist das Erb-Unglück des Denkens« (PM, S. 13). Im Zusammenhang mit anderen Äußerungen jedoch, im Kontext des Werks, wird Canettis modifiziert wissenschaftskritische Haltung deutlich. Wie Musil geht es ihm um ein besseres Zusammenspiel der rationalen und irrationalen Energien, das gerade in der Mythenforschung, die für die Arbeit an *Masse und Macht* so wichtig war, nur selten geleistet ist. Seine Kritik ethnologischer Theorien verweist auf den Mangel an schöpferischem Denken, auf die Fesselung durch die eigene Methode: auch wenn man das von der Ethnologie bereitgestellte Material dankbar benutzt, müsse man das Denken selbst besorgen: »Man soll sich nichts vorglauben lassen und man soll den Schlüssen, zu denen man durch ausgiebiges Lesen kommt, Zeit und Lebensluft gönnen.« (PM, S. 60) Es kommt an auf die »unzerteilte Anschauung des Phänomens selbst«, die nicht von der »Arroganz des Begriffs« (GeZu, S. 9) frühzeitig verkürzt werden darf.

»So allein sein, daß man keinen mehr übersieht, keinen, nichts«, notiert Canetti 1943, im frühen Stadium der Arbeit an *Masse und Macht.* (PM, S. 39) Die Mythen, die ihn mehr und mehr ausschließlich faszinieren, möchte er so kennen, als hätte er an sie geglaubt. (PM, S. 93) Diese Konzentration auf das Einzelne, Konkrete resultiert nicht im Chaos, auch nicht im kontrollierten Chaos, in dem, wie er selbst feststellt, seine »unheimliche Kraft« lag – das trifft genau zu auf die *Blendung* – und dessen er »sicher« war »wie der ganzen Welt«. (PM, S. 79) Sie resultiert vielmehr in einer Ordnung eigener Art, die in einer spezifischen, persönlichen Wendung gegen die Arbeitsteilung wurzelt (PM, S. 49) und die des Phänomens nie »sicher«, vielmehr für immer neue seiner Aspekte offen ist. Nun ist diese Haltung, eigentlich eine Forderung des Schreibenden an sich selbst (und den Leser), immer wieder zitiert worden: sie macht das unmittelbar Auffällige, Eigentümliche der Texte Canettis aus, die in der Zeit während und nach dem Krieg entstanden sind und die sich hierin von den früheren Texten unterscheiden. Aber sie ist nicht genügend ernst genommen worden: und solches Ernstnehmen, wenn es auf ein topographisches Festlegen der Texte hinausläuft, ist auch schwierig.

Da ist einmal Canettis spezifisch ›dichterisches‹ Vorgehen im Zusammenhang eines humanwissenschaftlichen Unternehmens. Als er die Arbeit an *Masse und Macht* beginnt, hat er die *Blendung* bereits geschrieben, die mit den Romanen Musils und Kafkas zu den wichtigsten des 20. Jahrhunderts gehört. Er hat die Erfahrung bereits gemacht, sich in dem deutlichsten, ungeschütztesten Selbst-Ausdruck zu behaupten, den der Entwurf einer fiktional konsequenten Welt sozialer Beziehungen bedeutet, für die er allein verantwortlich ist. Die Möglichkeiten menschlichen Zusammenlebens, die realisierten und die projizierten, an denen Canetti in all seinen Texten ausschließlich interessiert ist, sind für den Leser von *Masse und Macht* zugänglich durch seine Person, seine spezifische Perzeption, seine vielstimmige Sprache. Solche Filterung ist in keiner der Erfahrungswissenschaften ganz zu vermeiden; es ereignet sich aber in Canettis Texten, durch die Verquickung des dichterischen und des wissenschaftlichen Verfahrens, immer wieder ein Schock plötzlicher Sicherheit in der für alle Arbeiten im Umkreis des Problems Masse, Macht, Tod geltenden experimentellen Unsicherheit, die Möglichkeit einer Wahrheit, wo im ganzen die Ehrlichkeit der Wahrscheinlichkeit herrscht. Als Denker steht Canetti in der langen, wenn auch immer wieder von Systemzwängen bedrohten Tradition einer empirischen Wissenschaft vom Menschen. Er ist gleichzeitig das, was man arbeitshypothetisch einen Dichter nennt.

Masse und Macht steht zwischen literarhistorisch festgelegten Genres und zwischen den verschiedenen Disziplinen der Sozialwissenschaften. Es steht auch außerhalb der zur Zeit gängigen Ideologien, deren mehr oder minder einfallsreichen Kombinationen und Weiterbildungen. Damit ist es zwar ideologischer Fixierung entzogen, aber auch dem Schutz entrückt, den Ideologien bieten und der zu einem großen Teil in der Festlegung und Vorhersagbarkeit des Urteils liegt, das die Komplexität, die beunruhigende Widersprüchlichkeit des Phänomens derart umgeht. Die Selbstverständlichkeit hat provozierend gewirkt, mit der Canetti seine methodologischen Voraussetzungen nicht absichert, sondern den Leser einfach an die sich wandelnden Ordnungen heranführt, in denen Menschen sich arrangieren, an denen sie ihr Menschsein begriffen haben, durch die sie sinnvoll tätig waren – an vielen Orten der Erde, zu vielen Zeiten.

In einem 1972 geführten Gespräch (GeZu, S. 104–131) stellt Joachim Schickel die Frage nach der Auseinandersetzung mit Marx und Freud, nach der Vergleichbarkeit zwischen Canettis und Lévi-Strauss' Verfahren. Er habe – so Canetti – sich von einem Begriffssystem ferngehalten, sich vielmehr »vollgestopft« mit den Erfahrungen der Phänomene und bewußt an »eine eigene Terminologie zu halten versucht, die aus dieser Untersuchung selbst entstand«. (GeZu, S. 118) Wie man bereits dem differenziert untergliederten Inhaltsverzeichnis von *Masse und*

Macht entnehmen kann, geht diese Terminologie von der konkreten Anschauung aus und beharrt auf ihr. Wenn Schickel überlegt, ob Canetti wohl so etwas wie ein »vorwegnehmender Strukturalist« gewesen sei, bezieht er sich auf dessen Problemorientierte Haltung Mythen gegenüber. Canetti selbst sieht eine Parallele in Lévi-Strauss' Bereitschaft, die sogenannten primitiven den sogenannten zivilisierten Gesellschaften gleichzustellen; aber er kontrastiert mit Lévi-Strauss' komparatistischer Methode seine eigene Konzentration auf den einzelnen Mythos, seine Methode, diese Zeugnisse selbst sprechen zu lassen. Sie basiert auf einer eigentümlichen Art von konzentrierter Wiedererzählung, die die zentralen Konflikte und Probleme unverkürzt, doch deutlicher herausstellt, so daß sie nun gleichsam von allen Seiten zugänglich sind, und die darstellende und gedankliche Leistung des Mythos sich überzeugend darbietet. Auf diese Weise wird die Individualität des Mythos so gut respektiert wie seine Beispielhaftigkeit gerechtfertigt.

In Lévi-Strauss' Ansatz ist eine solche vollständige Erfassung eines individuellen Mythos durch einen individuellen Betrachter unmöglich, unwissenschaftlich, da erst alle Variationen eines Mythos zusammengenommen Aufschlüsse über die Leistung mythischer Aktivität gewähren können. Canetti dagegen lehnt die kategorisierende Festlegung aller Teile eines Referenzmythos als Befriedigung eines ungerechtfertigten Sammler- und Ausstellertriebs ab. Die wenigen Bemerkungen Canettis in diesem Zusammenhang sind wichtig für ein besseres Verständnis seiner stark an der Subjektivität orientierten Objektivität und seiner Abstinenz vom System, dem Einfallstor der Ideologie. Der Strukturalismus schien einen besonders geschickten Weg zu zeigen, die beunruhigenden Mechanismen des technischen Zeitalters den Human-Wissenschaften zu assimilieren und dadurch zu neutralisieren. An einem Text wie *Masse und Macht* wird deutlich, daß dabei wichtige Fragen nicht oder zumindest nur sehr einseitig gestellt werden.

In *Masse und Macht* kommt es Canetti auf eine Objektivität an, die das Selbst im Zentrum der Ordnungsversuche nicht zu verleugnen braucht: das Selbst des Autors, des Lesers, und das Selbst all derer, die, Mythen schaffend, Ereignisse beobachtend und verzeichnend, durch den Autor wiederum Gestalt gewinnen. Die ersten Sätze von *Masse und Macht* handeln von der sozialen Ur-Tatsache der Berührungsangst. Auffällig ist hier die Beschränkung: nicht von psychischen Mechanismen ist die Rede, sondern von einfachen, dem Beobachter direkt zugänglichen Abstoßungskräften zwischen Körpern. Die Bedeutung des Beobachteten liegt in der Erfahrung von Verwundbarkeit, Gefährdung, Angst. Von der Abstoßungsenergie des einzelnen Körpers gibt es keinen kontinuierlichen Übergang zum Bewegungsmechanismus einer Ansammlung von Körpern, vielmehr nur den Umschlag der Berührungsabwehr, Berührungsfurcht in sein Gegenteil: das Einswerden vieler Körper in der Masse. (MM, I, S. 10) In der dichten Masse allein löst sich die Angst voreinander und Erleichterung von der eigenen Begrenzung stellt sich ein. Je schwerer, dichter der gemeinsame Körper der Masse, desto leichter das Gewicht der Individualität. Die Verschiebung der Erzählerperspektive im ersten Kapitel von *Masse und Macht* entwickelt eine Beobachtungsreihe von phänomalen Aspekten der Masse, wie sie nur einem sehr beweglichen Beobachter zugänglich ist: z. B. Canetti am 25. Juli 1927, der sich in die Masse gemischt hat, sie nicht von außen, sondern von innen betrachtet. Er taucht aber niemals in der Masse unter, sondern nimmt bewußt ihre rätselhaften Erscheinungsformen in sich auf. Die Masse setzt sich in ihren beiden Hauptformen »offen« und »geschlossen« dem Beobachtenden entgegen; der Leser sieht mit ihm die »Entladung« der Masse als einen konkreten Vorgang und erkennt so den Grund und die Vergeblichkeit des Triebs der Masse zu dauerndem Wachstum, zu immer mehr, immer neuen Menschen. Die Zerstörungssucht der Masse, dieses immer wieder verzeichnete, nicht genügend sorgfältig beschriebene Phänomen, erschließt sich dem genauen Hinsehen als ein radikaler »Angriff auf alle Grenzen« – eine der zentralen Eigentümlichkeiten der Masse.

»Scheiben und Türen gehören zu den Häusern, sie sind der empfindlichste Teil ihrer Abgrenzung gegen außen. Wenn Türen und Scheiben eingeschlagen sind, hat das Haus seine Individualität verloren. Jeder kann daran nach Herzenslust hinein, nichts und niemand darin ist geschützt. In diesen Häusern stecken aber gewöhnlich, so glaubt man, die Menschen, die sich von der Masse auszuschließen suchen, ihre Feinde. Nun ist, was sie abtrennt, zerstört. Zwischen ihnen und der Masse steht nichts. Sie können heraus und sich ihr anschließen. Man kann sie holen.« (MM, I, S. 15)

Dieses Anlaufen der Masse gegen Grenzen macht die zunächst unverständliche Aggression einsichtig, mit der der Einzelne, in der Masse zeitweilig Untergetauchte ein Haus angreift, das ihn nichts angeht, Menschen verfolgt, von denen er nie etwas gehört hat.

Die Präzision der Beobachtung ist besonders dicht in diesem ersten Kapitel. Die Eigenschaften der Masse, die Rhythmen ihrer Bewegungen und die Stockungen werden auf den Rhythmus des eigenen Gehens, der Schritte des anderen, des Gefühls der Bedrohung durch die Schritte des anderen, auf die Rhythmen der Bewegung in großen Herden fliehender Tiere (MM, I, S. 28 f.) und auf die ekstatischen Kriegs- und Drohtänze Primitiver bezogen. Beobachtet werden die die Masse leitenden Affekte, z. B. das Opfer der Hetzmasse im dichtesten Punkt, auf den die Schläge zudrängen. (MM, I, S. 49 f.) In Verbindung damit erscheinen die unsichtbaren Massen, wie sie in Mythen, Riten, religiösen Berichten überliefert sind: der von der Angst nackter Menschen erfüllte, von Geistern wie von Schneeflocken durchwirbelte Himmelsraum in der Vision des sibirischen Schamanen; die Dämonenheere in altpersischen Vorstellungen; die ungeheuerliche Zahl von Teufeln, die – im Bericht des Cäsarius von Heisterbach – einen bösen Priester auf seinem Totenbett bedrängen.

Mythen, Berichte von rituellen Handlungen und Ereignissen aller Art, in denen Massenformen, Massenbewegungen eine Rolle spielen, werden in diesem Kapitel zur Verdeutlichung der Anschauung so gut wie zur Bestimmung des Verständnisses herangezogen. Der Autor ist verantwortlich für die Auswahl der Dokumente als Ausdruck sinnvoller Auseinandersetzung mit dem Problem der Macht und der Masse und ihrer Bedeutung für ihn und den Leser heute. Auswahl, Verständnis und Bedeutung sind dem vorurteilsfreien Leser weitgehend einsichtig, denn Canetti präsentiert die sozial-psychologischen Ordnungsversuche, wie sie die Mythen vornehmen, als sinnvollen Diskurs zentraler menschlicher Verhaltensweisen. Die Ordnungsversuche sind ein immer sich wandelndes System von Zeichen, von Signifikanten, die mit der Bedeutung, dem Signifikat, in einem komplexen Wechselverhältnis stehen. Dabei ändert sich dieses Signifikat – die Verbindung zwischen der Erfahrung von Masse und Macht im Kraftfeld des Todes – sehr langsam, denn Canetti bezieht den Menschen auf seine Stammesgeschichte, das tierische Erbe; die Signifikanten ändern sich rascher, vor allem ihre Funktionswerte, denn das geschichtliche soziale Bewußtsein ist bereits sehr reich ausgebildet: Menschen haben sich als sinnvoll tätige auf die verschiedenste Weise dokumentiert, und diese Dokumente sind es, die Canetti heranzieht und auf ihre Bedeutung befragt.

Lévi-Strauss' Verfahren einer strukturalen Analyse von Gerüst, Code und Botschaft der Mythen, von ihm auch als »Mythos der Mythologie« bezeichnet, kann man nicht eigentlich in den Vorwurf des Anti-Humanismus einbeziehen, den man dem Strukturalismus vielfach gemacht hat. Michel Foucault z. B. hat Anti-Humanismus oder A-Humanismus als positiven Begriff in die Diskussion gebracht, indem er viel eindeutiger als Lévi-Strauss das System verabsolutiert und damit ein anonymes Denken fordert, Erkenntnis ohne Subjekt, totale Objektivität. Mit Foucault aber teilt Lévi Strauss die Vernachlässigung der sehr wichtigen Tatsache, daß das durch die Verabsolutierung des Systems ungelöste Problem des Verhältnisses zwischen Signifikans und Signifikat zur immer schädlichen Ideologisierung geradezu aufruft. Im 17. Jahrhundert trat für die Philosophen der Mensch an die Stelle Gottes und wurde das Zentrum ihrer Versuche, die Welt zu verstehen. Dieser Mensch erwies sich als ein offener, widersprüchlicher Komplex, schwierig und beunruhigend zugleich. Das System, das bei Foucault und auch bei Lévi-Strauss an die Stelle des Menschen tritt, kann eindeutig festgelegt werden: es ist damit fast so fungibel wie Gott. Beunruhigend bleibt allein die Frage nach der Nützlichkeit eines solchen absoluten Systems in seinem Bezug auf das Verständnis sozialen Verhaltens: warum konnte sich in unserem Jahrhundert die Entwertung menschlichen Lebens in einem vorher nicht genannten Ausmaß ereignen? Haben andere Gesellschaften, Menschen mit anderer sozialer Übereinkunft, sich gegen solche Entwertung zu schützen gesucht? Gibt es Dokumente solcher Versuche und wie könnte man solche Dokumente am nützlichsten befragen?

Das Problem eines absoluten Systems betrifft Fragestellung und möglichen Informationsgewinn. Am System interessiert, sucht Lévi-Strauss denen, deren kulturelles Erbe die Mythen sind, den Funktionswert des einzelnen Mythos im Zusammenhang der mythologischen Tätigkeit als ganzer zu erklären. D. h. er setzt die Mitglieder der anderen, ihm fremden Gesellschaft mit der kulturellen Leistung dieser Gesellschaft erst in Verbindung; denn ihnen ist, wie er meint, der Sinn der Mythen verschüttet. Canetti findet die jeweilige Leistung – Versuche der Bewältigung oder zumindest Artikulierung sozialpsychologischer Konflikte – in den einzelnen Mythen, die er deshalb bewundert. Um ihren Sinn und ihre Bedeutung festzulegen, braucht er sie nicht in ein mythologisches System einzubringen. Er versucht möglichst viele, verschiedenartige andere Darstellungen des Phänomens Masse, Macht, Tod zu finden, um daran die Bedeutung dieser Phänomene für sich und seine zeitgenössischen Leser besser begreifen zu lernen.

Nun ist Lévi-Strauss den primitiven Gesellschaften ausdrücklich dankbar für den Erkenntnisgewinn, für ›Lösungen‹ von Problemen, an denen hochzivilierte Gesellschaften gescheitert sind. Und genau hier, in dieser Haltung, fühlt sich ihm Canetti auch verwandt. Jedoch weisen bereits die Probleme, die Lévi-Strauss interessieren, auf sein eigenes statisches Ordnungsbedürfnis hin. So preist er die Aranda in dem Kapitel »Das wiedergefundene Denken« seines Buchs *Das Wilde Denken*, weil sie nicht an dem gierigen Bedürfnis nach Veränderung teilhaben, das Lévi-Strauss an unseren westlichen Massengesellschaften so beunruhigt. Beruhigend ist ihm das zeitlose Modell strukturell festgelegter sozialer Interaktion. Er fragt aber nicht, ob dieses Modell so intendiert war; nicht, wer es zeitlos gewollt hat. Es ist natürlich zutreffend, daß der immanente Sinn solcher von Lévi-Strauss herausgearbeiteten Strukturen den Eingeborenen verschüttet ist; ganz zu schweigen von einer möglichen Bedeutung für ihr eigenes Verhalten. Infolge einer fehlenden sozialen Steuerung sind sie von ihrer Gesellschaft nicht so erzogen worden, daß sie die Leistung existenter Strukturen verstehen könnten. Wie aber kann der strukturalistisch vorgehende Anthropologe dann so sicher sein, hier richtig verstanden zu haben? Für Lévi-Strauss, der in einem verspäteten, verkürzten Erziehungsvorgang bestimmt, welches die Welt welches Menschen sei und wie man diesen mit jener verbindet, ergeben sich bei diesem Versuch eine Reihe von Problemen, die er nicht zu sehen scheint. Das Ergebnis seiner Tätigkeit sind jene genial eigenmächtigen Grabungen, dann Ordnung der Funde, die zuweilen atemberaubende Erfindungskraft bei der Auswertung des konnotativen Elements mythischer Gegenstände in den *Mythologica*. Der Strukturalist tritt dem Gegenstand seiner Forschung auf eine Weise subjektiv gegenüber, die seine Verabsolutierung des Systems, das ja gerade zu einer (in den Humanwissenschaften fragwürdigen, wenn auch von vielen dringend vermißten) totalen Objektivität führen soll, von Grund auf in Frage stellt. Denn niemand anders als er selbst hat das System erfunden! Und es ist zu fragen, ob nicht die deklarierte Korrespondenz zwischen der Struktur des Gegenstands und dem erkennenden Subjekt einen Anspruch auf die verbindliche Geltung des Ich stellt, wie sie seit Fichte nicht mehr gewagt worden ist.

In diesem Zusammenhang ist auch das Beharren auf der Synchronie von Ereignissen und der apriori gesetzten Unantastbarkeit von Fakten zu sehen – ausgenommen davon ist nur der System-Schöpfer selbst. Zwar wehrt Lévi-Strauss den Vorwurf des A-Historismus immer wieder ab, z. B. am Ende von *Vom Honig zur Asche*, jenem Band der *Mythologica*, der die atemberaubendsten und subjektivsten Kombinationsversuche aufweist, wo Lévi-Strauss von der Verfahrensweise des Strukturalisten spricht, der sich »vor der Macht und der Nichtigkeit des Ereignisses zu verbeugen« habe. »Nichtig« ist das Ereignis als in der Zeit ablaufendes, als Prozeß, als nicht auf ein zeitloses Modell festzulegendes. Und genau auf dieser Unlust der prozessualen Diachronie gegenüber beruht die Verabsolutierung des Bezeichnens, des Signifikans. Das Signifikat ist vergänglich, Sinn und Bedeutung nur sekundär und abgeleitet; was bleibt, sind Strukturen und das ungelöste Problem der Übermittlung einer sinnvollen Botschaft. Sinn kann bei Lévi-Strauss' Verfahren nur mit Un-Sinn konfrontiert werden, nicht aber, woran Canetti interessiert ist, mit einem noch nicht fixierten, sich noch entwickelnden Sinn.

In der Tat ist diese methodologische Statik die ›Stärke‹ des strukturalistischen (›szientifischen‹) Anthropologen; denn im Akt der Wegräumung des Schutts der Vergessenheit, der die Strukturen überlagert hat, im Akt der Ausgrabung, der ein Akt der System-Setzung ist, steht ihm der so bestimmte Sinn ganz zur Verfügung. Lévi-Strauss selbst sagt dazu: »Au fond, ›la pensée sauvage‹ n'est, dans mon intention, que le lieu de recontre, l'effet d'un effort de compréhension, de *moi* me mettant à leur *place*, d'eux mis par moi à *ma* place.« (Nr. III A, 23, S. 634) Der Ort dieses Zusammentreffens ist aber in Wahrheit – und die grammatische Struktur der Aussage weist darauf hin – nicht das »wilde Denken«, sondern Lévi-Strauss' Bewußtsein im Akt der Rekonstruktion des wilden Denkens: er *setzt* sich an ihren Platz, *sie werden* von ihm an seinen Platz *gesetzt*. Die Kontrapunktik von Distanz zur eigenen und Nähe zu anderen Gesellschaften ist das persönliche Bedürfnis des Anthropologen Lévi-Strauss; er hypostasiert es zur zwischen den Natur- und Humanwissenschaften vermittelnden eigentlichen neuen Wissenschaft der strukturalen Anthropologie, die die universalen Aspekte kultureller Aktivität festlegt. Ernstzunehmen ist hier Umberto Ecos Mahnung zur Vorsicht:

»Hier liegt der rasche Übergang von einer Verfahrenskonzeption zu einer *Substanzkonzeption* vor: die als universell entwickelten

55

Modelle funktionieren universell, *folglich* spiegeln sie eine univer-
selle Substanz wider, die für die Modelle Gewähr leistet. Man könnte
darauf antworten, daß die Modelle universell funktionieren, weil
sie konstruiert wurden, um universell zu funktionieren. Das ist das
Maximum an ›Wahrheit‹, zu dem der Methodologe gelangen kann.«
(Nr. III A, 11, S. 367)

Lévi-Strauss' Wahrheitsbegriff ist zu festgefügt, um von dieser
logischen Kritik beunruhigt zu sein; auch hier unterscheidet er
sich grundsätzlich von Canetti. Allerdings hat sich diese ge-
schlossene Position erst entwickelt. In dem frühen anthropologischen Reisebericht *Traurige Tropen* ist der erzählenden *per-
sona* das Problem einer Regression vom zu entziffernden, spezifischen Code zum selbstgenügsamen Meta-Code noch in etwa
klar: Strukturen von Bauweisen in bestimmten primitiven Gesellschaften werden z. B. auf ihren Sinn und die Bedeutung hin
befragt. Das Signifikans ist ein Vermittler von etwas, dem man
auf der Spur bleiben kann, das Problem einer Beziehung zwischen Signifikans und Signifikat wird noch gesehen. Lévi-
Strauss ist hier Canettis Position noch näher, indem er spezifische Beispiele sozialer Ordnungen nicht als von vornherein
und ein für allemal in das absolute System eines Mythen-Meta-
Code einfügt, sondern als Produkt einer sich in der Zeit abspielenden menschlichen Tätigkeit versteht – allerdings nun in
einer mythischen Vergangenheit abgeschlossen und zum Still-
stand gebracht. Dagegen macht Canetti in *Masse und Macht*
mit immer wiederkehrenden Verweisen (wie z. B. »Nichts
könnte wichtiger sein als diese Mythe« – »Unschätzbar ist der
Wert dieses Augenzeugenberichts«) auf die Historizität dieser
Dokumente und der in ihnen erhaltenen sozio-kulturellen Leistung als bis in die Gegenwart des Autors/Lesers reichenden
Prozeß aufmerksam, zu dem beide Zugang haben. Zugang zu
der von Lévi-Strauss beschworenen mythischen Vergangenheit
hat nur er selbst als Systemkonstrukteur. In *Traurige Tropen*
sehen wir ihn zwar noch beim zuweilen reflektierten Akt der
Konstruktion; noch ist er nicht der unbeirrbare Mythentechno-
loge der *Mythologica*. Aber auch hier schon hält er sich ›frei‹
in seiner strukturalen Aktivität von den explosiven, unbewäl-
tigten Spannungen anderer wie seiner eigenen Gesellschaft.
Entzückt genießt er z. B. die überaus kunstvolle Gesichtsbe-
malung eines Indianerstamms, die er auf die Unfähigkeit dieses
Stammes bezieht, soziale Beziehungen sinnvoll zu regeln.
Solche Distanz, solche ›Freiheit‹ schien Canetti als säkula-
rem Reisenden in der Provinz des Menschen nicht möglich. Der

sehr ambivalente Schluß von *Traurige Tropen* ist auch zu lesen als Absage an die Struktur, die von der vermittelnden zur ausschließenden Funktion verdorben ist, und dieser Umschlag von der Hypostasierung der Struktur zu deren Negierung ist ein deutlicher Verweis auf die metaphysische Kehrseite dieser Suche nach der »Lösung des Rätsels«. Partiale Lösungen, pragmatische Funktionen und prozessual entstehende Sedimentation menschlicher Erfahrung werden mißachtet zugunsten eines zu konstruierenden kollektiven »wilden Denkens« als eines übergreifenden Ganzen, jenes letzten Systems, in dem sich alle Systeme aufheben.

Der gegenseitige Verweischarakter zwischen der Struktur »des Geistes«, des Denkens, und den Strukturen des beobachtbaren menschlichen Verhaltens in einer sozial-biologischen Umwelt, wie er in *Mythologica* postuliert wird, könnte von größtem Interesse sein, wenn er die Frage nach dem mythenschaffenden Subjekt – das auch eine Gruppe sein könnte – nicht so rigoros beiseite schöbe. Hier ist ein spekulativer Platonismus im Spiel, der den Wissenschaftsanspruch von Lévi-Strauss außerordentlich fragwürdig macht: »Nicht der Mensch denkt die Mythen, sondern *die Mythen denken sich in den Menschen*. Oder noch besser: Im Spiel der möglichen gegenseitigen Transformationen denken die Mythen einander« – wie Eco Lévi-Strauss' Verfahren kritisch zusammenfaßt. (Nr. II A, 11, S. 370 f.)

So ist auch Lévi-Strauss' Distanzierung von Jungs Verfahren im Umgang mit Mythen durchaus nicht ohne weiteres nachzuvollziehen. Es ist zwar richtig, daß, wie er bemerkt, das Jungsche Substrat von Symbolen den Inhalt der Erfahrung dieser selbst vorausgehen läßt. Aber gerade diese ›theologische‹ Qualität, die er an Jung rügt, die *apriori*-Setzung, teilt sein eigenes Konzept der Struktur, des symbolischen Systems der Dinge als ihres Wesens, mit Jungs Vorstellung eines Schatzes von Archetypen. Auch sein Substrat von Signifikanten, von symbolischen Systemen existiert *vor* aller Erfahrung: sprachliche und gesellschaftliche Symbole sind wirklicher als die Erfahrungen, als die Dinge, die sie darstellen. Nun können sich allerdings Signifikanten in einem sozialen System verselbständigen; aber in lebenskräftigen, d. h. der Wandlung fähigen Systemen wird solche Verselbständigung meist über kurz oder lang als Fehlentwicklung erkannt und korrigiert. In Lévi-Strauss' System-Begriff gibt es keine Möglichkeit, das apriori existierende Substrat von Signifikanten mit dem Erfahrungsprozeß des Individuums, des Kollektivs in Verbindung zu bringen.

Durch diese ›reine‹ Vorstellung eines universalen Geistes, einer universalen Struktur, verwickelt sich Lévi-Strauss in Widersprüche, die für unseren Kontext, den Versuch eines klareren Verständnisses der Leistung von Canettis *Masse und Macht*, instruktiv sind. Einerseits nämlich ist jede Form der Artikulierung sozialer Ordnungsversuche, die ein Volk (Stamm) in seinen Mythen unternimmt, für den strukturalen Anthropologen eine Art von Verdeckungsversuch, den er durchstoßen muß, um zur universalen Wahrheit der all diesen Ordnungen unterliegenden Struktur zu gelangen. Andererseits gilt Lévi-Strauss' zentrales Interesse der Konfrontation zwischen seinem Leser, dem Bürger des säkularisierten 20. Jh.s, und der, wie er es sieht, gerade in ihrer Vergeblichkeit großartigen Geste der Abwehr, die das »wilde«, mythische Denken ihm, dem Kulturpessimisten Lévi-Strauss, bedeutet. Eine Möglichkeit der Überbrückung dieses Widerspruchs sieht er in der Herstellung einer Parallele zwischen dem wilden Denken und den modernen Informationssystemen. Dabei aber schiebt er kurzerhand Probleme beiseite, mit denen sich die europäische Philosophie spätestens seit Vico herumschlägt. Das moderne naturwissenschaftliche Denken, das in dem Prinzip der Falsifikation seine Intentionalität beweist, den Willen, auf Grund gemachter Erfahrungen in einer Vergangenheit Voraussagen für eine Zukunft zu treffen, solche Erwartungen aber durch ein Steuerungssystem unter ständiger Kontrolle zu halten, hat mit dem magischen Denken nichts gemeinsam außer dem allerdings universalen Ursprung: der Entwicklung der Fähigkeit zu symbolischen Operationen. Anders als das magische Denken stellt es keine Bedingungen, unter denen allein Natur zu akzeptieren sei (Nr. III A, 27/I, 437 f.) – nämlich durch die Revokation, die Wiederholbarkeit im Mythus. Es fragt vielmehr nach Funktionen, nach dem Sinn und der Bedeutung von Zeichen-Systemen. Es entziffert Codes, um an die Botschaft, die Information gelangen. Entsprechend der verstandenen Botschaft wird es gegebenenfalls versuchen, das Informations-System zu ändern und damit eine wünschenswertere Botschaft empfangen können.

Natürlich ist Kultur in allen Stadien ihrer Entwicklung immer auch ein Abwehr-Mechanismus, und man macht es sich als Anthropologe zu einfach, wenn man der Frage nach der jeweils historischen Berechtigung und Wirkung solcher Abwehr aus dem Wege geht. Lévi-Strauss' Vorliebe für die Endlichkeit, den einmal erreichten, nicht wieder und weiter zu verändernden Zustand von ihm untersuchter Gesellschaften ist angesichts von Weltkriegen und ökologischen Katastrophen durchaus verständlich. Sie hat jedoch nichts mit der Frage nach den Lebenschancen einer Gesellschaft zu tun, die auf der sozialen Reife des moralischen Urteils so gut beruhen, wie auf dem Überlebenswert der immer von neuem zu treffenden gesellschaftlichen Entscheidungen. (Nr. III A, 20, S. 227) Dem wilden Denken sind die vielfältigen Ängste nicht fremd geblieben, mit denen Menschen in einer feindlichen Umwelt leben mußten, und es hat zur Beschwichtigung dieser Ängste magische Schutzmaßnahmen entwickelt. Es sind dies nicht einfach Abwehrgesten, sondern, wie auch Canetti bei seiner Betrachtung bestimmter Mythen immer wieder erfährt, unter Umständen bewundernswerte Leistungen sozialpsychologischer Einsicht, das Resultat des Verarbeitungsprozesses vieler Menschen. Fremdgeblieben aber sind dem wilden Denken die vielen, ebenso menschlichen Versuche, symbolische Systeme in operationeller Verbindung mit der Erfahrung einer Umwelt zu entwickeln, und sich solche Versuche und deren Ergebnisse gegenseitig mitzuteilen: »The very essence of human nature, then, is its promiscuous and fantastic interindividuality«, urteilt der Anthropologe La Barre. (Nr. III A, 20, S. 237) Von dieser Intersubjektivität sind die im wilden Denken beharrenden Eingeborenen ausgeschlossen. In ihren Mythen haben sie einmal gefundene sozialpsychologische Schutzmaßnahmen ein für allemal festgeschrieben und sich damit wichtigster Möglichkeiten des Menschseins beraubt.

Canettis nachdrückliches Beharren auf der Wichtigkeit der Verwandlung ist in diesem Zusammenhang zu verstehen. Nicht umsonst bevorzugt er Mythen, die die Realität und Wichtigkeit von Verwandlungen ernst genommen haben. Er ist nicht – wie das Lévi-Strauss tut – dem Konzept des edlen Wilden verfallen, dessen Autismus in der Tat die Überlebenschancen seiner Gesellschaft gefährdet, weil er keinen Raum läßt für die durch Intersubjektivität zu erreichende Verwandlung. (Nr. III A, 31, S. 10 und Nr. III A, 20, S. 240 f.) Lévi-Strauss geht es nicht um intersubjektive, interkulturelle Einflüsse und Befruchtungen, um Veränderung und Verwandlung, sondern um einen idealen Bestand an Strukturen – Sitten, Träumen, Spielen –, um die endgültige, ein für allemal getroffene Wahl bestimmter Elemente, um deren schließlich bestimmbare Kombinationen. Bei der Erarbeitung dieses Bestands ist der strukturale Anthropologe auf der »unerbittlichen Suche nach einer totalen Objektivität«. Gefordert wird eine Formulierung der Ergebnisse, »die nicht nur für einen redlichen und objektiven Beobachter, sondern für alle denkbaren Beobachter stimmt«. (Nr. III A, 24, S. 388 f.) Die Folge eines solchen Objektivitätsbegriffs ist, daß Lévi-Strauß in sich alle »denkbaren Beobachter« subsumiert. Die Eingeborenen, aus deren Mythen, die er als Systemfragmente verstand. Lévi-Strauss sein, *das* System abstrahierte, konnten sich seinen Denkzwängen nicht entziehen; seine anthropologisch interessierten zeitgenössischen Leser können es. Gerade ein Text wie *Masse und Macht* macht es ihnen möglich, als partiell objektive Beobachter zusammen mit dem Autor die Pluralität und Verwandlungsfähigkeit des Menschen, seine Intersubjektivität in seinen kulturellen Leistungen ernstzunehmen. Mythos, wie Sprache überhaupt, interessiert Canetti nicht als System, sondern als einen Sender wie Empfänger betreffenden Akt des Sprechens, als Konstituierung von Sinn, als Verständnis von Bedeutung.

Von der *Blendung* an ist es die Intention Canettis, Figuren, Texte zum Sprechen zu bringen, sich zum Katalysator und Medium zu machen für die Stimmen der Menschen seiner Gegenwart und längst vergangener Zeiten, gerade auch solcher, die außerhalb unseres von der Historiographie bestimmten Zeitbewußtseins gelebt haben. Mythen werden dann nicht in mythologischen Systemen zur Ruhe gestellt, sondern geraten ins Kreisen, in Bewegung. Unvermittelt öffnen sie sich dem Leser des 20. Jh.s, denn sie dokumentieren das menschlichste Vermögen: das der Verwandlung. Neben dem Problem des Todes ist das der Verwandlung zentral für *Masse und Macht*. Die Komplexität des Menschen, seine auch individuell noch nicht abgeschlossene Evolution, seine Lebenskraft besteht darin, daß er sich verwandeln kann. In der relativ kurzen menschheitlichen Spanne seiner Stammesgeschichte waren die wichtigsten Verwandlungen die an Tieren. So wie Lévi-Strauss des A-Historismus angeklagt worden ist, weil er Mythensysteme als von temporalen Veränderungen unangetastete Strukturen sieht, ja, sie explizit gegen den Fluß der Zeit setzt, so Canetti, weil er einen zu weiten, flexiblen Geschichtsbegriff habe. Diesen Vorwurf machte ihm vor allem Ernst Fischer (Nr. III A, 12), der als einen schwerwiegenden Fehler von *Masse und Macht* rügt, daß hier keine klare Grenze zwischen dem Huma-

nen und Animalischen gezogen sei. Damit läßt aber Fischer –
worauf auch Wolfgang Hädecke hinweist (Nr. III A, 15, S.
603 ff.) – die Ergebnisse der Ethologie außer Acht, die die
reinlichen, statischen Scheidungen zwischen der tierischen und
der Humanpsychologie in Frage stellen; aber auch – und das
ist der ernster zu nehmende Fehler – Canettis Versuch, von
dieser Einsicht weiterzugehen und die Bedeutung der Unter-
schiede zwischen Mensch und Tier zu verstehen und verstehen
zu lehren. Canetti sieht die Fähigkeit des Menschen zu Verwandlung als einen der wichtigsten, vielleicht *den* wichtigsten
Aspekt seiner Bewußtwerdung als Mensch. Wenn er, statt einer
scharfen Grenze zwischen dem Tierischen und dem Menschlichen, Komplexe von Übergängen sieht, so bedeutet das keineswegs eine Negierung von Unterschieden.
So wird z. B. im Kontext einer Analyse der »Vermehrungsmeute« ein biologischer, evolutionärer Grund für den Zusammenhang von Verwandlung und Bewußtwerdung entwickelt:

»Die Schwäche des Menschen war seine geringe Zahl. Zwar lebten
auch die Tiere, die ihm gefährlich waren, oft einzeln oder in kleinen
Gruppen wie er. Er war wie diese ein Raubtier, aber eines, das nie
allein sein wollte. Er mochte in Rudeln leben, die so groß waren
wie die der Wölfe, aber sie waren es zufrieden und er nicht. Denn in
der ungeheuer großen Zeitspanne, während der er in kleinen Gruppen lebte, hat er sich durch Verwandlung alle Tiere, die er kannte,
gewissermaßen einverleibt. An dieser Ausbildung der Verwandlung
ist er erst recht zum Menschen geworden, sie war seine eigentümliche Begabung und Lust. Bei seinen frühen Verwandlungen in
andere Tiere spielte und tanzte er manche Arten, die in großer Zahl
erscheinen. Je vollkommener seine Darstellung solcher Geschöpfe
war, um so intensiver empfand er die Größe ihrer Zahl. Er empfand, was es war, *viele* zu sein und wurde sich immer wieder seiner
Vereinzeltheit als Mensch in kleinen Gruppen bewußt.« (MM, I, S.
119)

Die Entwicklung zunächst nur potentiell existierender Fähig-
keiten geschieht mit anderen, auch mit Tieren, immer durch
Interaktion und das heißt: durch Verwandlung. Diese soziale
Grundtatsache ist im frühen Stadium des Menschen so wichtig
wie im späten, hochentwickelten, wenn es um Kommunika-
tionsprobleme in Massengesellschaften geht – z. B. solchen wie
sie sich in der *Komödie der Eitelkeit* niedergeschlagen haben.
Die Fähigkeit zur Verwandlung schließt allerdings auch das
Vermögen der Vergewaltigung mit ein; so vor allem stellt sie
sich in der Gegenwart am Verhältnis des Menschen zum Tier

dar, von dem jener sich, mit immer vollkommenerer Vergewaltigung, immer weiter entfernt hat. Diese Tatsache spielt im Pro-
blemkomplex von *Masse und Macht* eine große Rolle, denn die
jetzige Beziehung zwischen Mensch und Tier stellt sich als
derartig sinnfälliges Beispiel einer unbeschränkten Macht-
ausübung dar, daß es schädlich auf den Menschen zurück-
wirken muß: als machtvolles Bild der Vergewaltigung des
Menschen durch seinesgleichen. In den tieferen Schichten des
Bewußtseins ist eine ahnende Erinnerung an den Akt der
Macht-Ergreifung und Macht-Ausübung Tieren gegenüber
erhalten; die Wirkung dieses schattenhaft wiederholten Akts
der Zerstörung ist selbst-zerstörerisch. »Der furchtbare Irrtum
liegt im Ausdruck ›der Mensch‹«, notiert sich Canetti 1943;
»er ist keine Einheit; was er vergewaltigt hat, enthält er alles
in sich. Alle Menschen enthalten es, aber nicht im gleichen
Maße; und so können sie einander das Ärgste antun. Sie haben
den Trotz und die Kraft, bis zur völligen Ausrottung zu gehen.
Es kann ihnen gelingen, und vielleicht werden versklavte Tiere
noch übrig sein, wenn es keine Menschen mehr gibt.« (PM,
S. 64)

Die Bedeutung der Verwandlung, ihres konstruktiven wie
destruktiven Potentials, muß dem individuellen und sozialen
Bewußtsein erinnert bleiben. Gegenwärtige Gesellschaftsformen
jedoch, die eine sehr große Anzahl von vereinzelten Menschen
zu ›bewältigen‹ haben, haben keinen Raum für solchen Ver-
stehens-Prozeß; im Gegenteil, sie unterbinden ihn. Canetti zeigt
das am Konzept der Sklaverei, das den Menschen in ein Tier
zurückverwandelt und den Prozeß dort anhält. Besonders deutlich ist das zu erkennen an der modernen industriellen Form
der Sklaverei, die die meisten Menschen den weitaus größten
Teil ihrer Lebenszeit auf ein Minimum ihrer Möglichkeiten
festlegt: in den klassenlosen, aber hierarchisch fest, statisch
strukturierten ›hoch entwickelten‹ Massengesellschaften liegt
ein starkes Tabu auf der Verwandlungsfähigkeit und -Mög-
lichkeit des einzelnen wie der Gruppe, weil durch Verwand-
lungsprozesse das sehr prekäre Gleichgewicht einer großen
Vielzahl starrer Ordnungen bedroht würde.

In dem wichtigen Kapitel »Die Verwandlung« (MM, II, S.
66 ff.) geht Canetti besonders scharf definierten Formen der
Verwandlung nach: der Fluchtverwandlung, auch in der Verbindung mit Hysterie und Manie; der Selbstvermehrung und
Selbstverzehrung in der Doppelgestalt des Totems; der Erfahrung von Masse und Verwandlung im Delirium tremens;

Nachahmung und Verstellung, Figur und Maske; den Verwandlungsverboten und der Sklaverei. Gerade in diesem Kapitel wird dem Leser deutlich, daß in früheren Zeiten Verwandlung, als Gewinn wie Bedrohung, stärker im sozialen Bewußtsein wirksam war, aktiv z. B. in Geisteskrankheiten; daß deshalb psycho-soziale Ordnungsformen erarbeitet wurden, mit deren Hilfe der Gewinn zu realisieren, die Bedrohung zu neutralisieren war. Ein plötzliches Anhalten der Verwandlung wurde – das zeigen z. B. die mythischen Geschichten des Proteus oder des Peleus und der Thetis – als Gefangenschaft, zur-Beute-Werden verstanden. Am Totem interessiert Canetti die wählende Beschränkung auf eine spezifische Verwandlung aus einer großen Anzahl anderer sowie die daraus sich ergebende Möglichkeit des Einflusses auf das Totemtier, das man selbst ist und das man dadurch kontrollieren, d. h. zur Vermehrung zwingen kann. (In Lévi-Strauss' Auffassung dagegen ist Totemismus ein vom Menschen eingesetztes Mittel, sich vom Tier zu distanzieren, eine reine Funktion der Differenz also.) Mit Figur und Maske werden Prozesse der Verwandlung akzentuiert, aber es werden auch deren Grenzen vorgeführt. Beides verweist auf eine ebenso lebhafte wie schöpferische Auseinandersetzung mit dem Problem: die Figur zeigt den Vorgang einer Verwandlung *und* deren Ergebnis vor, die Maske nur den Endzustand der Verwandlung. Soweit sie nicht im Drama zur Figur wird und damit vermittelnd zwischen dem Beschauer und dem Gefährlichen steht, verbirgt und bedroht sie gerade durch die Beschränkung auf den Endzustand, durch ihre Starrheit, ihre Bestimmtheit. Die Maske ist vollkommene Form und darin beruht ihre Faszinationskraft. Für Lévi-Strauss ist sie bewundernswertes Hindernis, Damm gegen den Fluß der Ereignisse. Für Canetti ist sie als Zeichen des Bedürfnisses interessant, eine endgültige Form gegen temporale Veränderung zu setzen; jedoch erscheint es ihm gefährlich, ihrer Faszination zu verfallen, weil sie die lebenswichtige Begabung zur Verwandlung, die in unserer Gesellschaft ohnehin als subversiv verdächtig gilt, zu sehr reglementiert.

Canettis Betonung der sozialen Wichtigkeit der Verwandlung wird gestützt von seinem Plädoyer für soziale Pluralität. Am Endlichen, Endgültigen ebensowenig interessiert wie am Unendlichen, ist er absolut desinteressiert an einer Welt ohne Menschen, wie sie Lévi-Strauss zum Abschluß des dritten Bandes der *Mythologica* als die »Moral der Mythen« beschwört, als das Bleibende, das Höhere, das Übergeordnete, an dem der verworrene Mensch unserer Zeit, dem wilden Denken folgend, das richtige Maß gewinnen sollte und könnte. Für Canetti – und das macht den Wert seines Werkes so gut wie dessen Verwundbarkeit aus – sind allein Menschen in der verwirrenden, konfliktreichen Pluralität ihrer Verwandlungen das Maß aller Dinge.

Michel (Nr. III A, 32, S. 314) behauptet, *Masse und Macht* fuße auf Freuds 1921 erschienener »Massenpsychologie und Ich-Analyse«, »jedenfalls auf der zentralen These von ›der Regression zu einer primitiven Seelentätigkeit‹, vom ›Wiederaufleben der Urhorde‹«. Auch Adorno beruft sich in seinem Gespräch mit Canetti auf tiefere Gemeinsamkeiten zwischen Freuds und Canettis Ansätzen. (GeZu, S. 68) Freud hebt in dieser metapsychologischen Schrift die zentrale Rolle des Führers für die Konstituierung und den Zusammenhalt der Masse ebenso wie für deren gegenläufige Auflösung hervor. Die Gesetzlichkeit der Masse ist nach dieser Auffassung klinisch determiniert durch Suggestion und Libido, d. h. als eine Summe von Fehlleistungen einer Gruppe von Individuen durch »Affektsteigerung« und »Denkhemmung« (Nr. III A, 14, XIII, S. 95), deren psychologische Erklärung in der libidinösen Bindung des einzelnen an den Führer zu suchen sei. Nun sind die beiden »künstlichen« Massen, Kirche und Heer, an denen Freud solche libidinöse Bindung vor allem demonstriert, überhaupt keine Massen, worauf Canetti auch hinweist, sondern hierarchisch strukturierte Gruppen, die völlig anderen Gesetzmäßigkeiten unterworfen sind als echte Massen. Freud hat die Frage der verschiedenartigen Gesetzmäßigkeit andeutungsweise berührt, indem er auf den Zusammenhang der ›Massen‹-Eigenschaften »stabil« und »künstlich« verweist. (Nr. III A, 14, XIII, S. 101, Anm. 1) Aber er ist dieser Einsicht, die eigentlich sein Konzept des Verhältnisses zwischen Führer und Masse hätte tangieren müssen, nicht weiter nachgegangen. Der Grund für diese Fehldeutung eines so offenkundigen Phänomens liegt in Freuds Beunruhigung durch die Masse als dem ›ganz Fremden‹, das sich seiner Kontrolle wie seinem Verständnis weitgehend entzieht. Er legt Masse sich deshalb als eine Summe von psychisch minderwertigen Individuen zurecht, deren Verhalten unter der Freisetzung stark libidinöser Kräfte Regressionssymptome zeigt, und zwar in einem geringeren Maße bei »künstlichen« Massen als bei »natürlichen«, über deren Entstehungs- oder Zersetzungs-Dynamik er nur wenig aussagt. Es ist dann innerhalb seiner Argumentation konsequent, aber angesichts der empirischen Kenntnis von Massen-Verhalten höchst fragwürdig, wenn er behauptet, das Wesen der Panik sei am besten an »militärischen Massen« zu studieren: »Eine Panik entsteht, wenn eine solche Masse sich zersetzt [. . .] Die gegenseitigen Bindungen [seiner These nach vermittelt durch die Bindung aller an den Führer] haben aufgehört und eine riesengroße, sinnlose Angst wird frei.« (Nr. III A, 14, XIII, S. 104) Die panische Angst, betont Freud hier, setzt die Lockerung in der libidinösen Struktur der Masse voraus – denn beweisen wollte er die libidinöse Bindung als Strukturgesetz der Masse. 1926 allerdings nahm Freud in »Hemmung, Symptom und Angst« Abstand von seiner früheren These, daß durch Verdrängung die Libido der Triebregung in Angst verwandelt werde. Er vertritt nun die Ansicht, daß immer die Angsteinstellung das Primäre und der Antrieb zur Verdrängung sei. Diese neue Sicht, die Freuds Beurteilung der psychischen Abläufe bei Panik doch sicherlich modifizieren müßte, scheint von Michel und Adorno nicht zur Kenntnis genommen worden zu sein.

In dem Gespräch mit Adorno weist Canetti darauf hin, daß Freud den wichtigen Unterschied zwischen Fluchtmasse und Panikmasse so gut wie die bestehenden Beziehungen zwischen beiden übersehen habe. Die Fluchtmasse bildet noch eine Einheit, wie eine fliehende Herde, eindeutig ohne Führer, während die Panikmasse – Canetti beruft sich hier auf Beobachtungen des Verhaltens des Publikums bei einem Theaterbrand – ein Zerfall der Masse in der Masse ist: »Der einzelne fällt von ihr ab und will ihr, die als Ganzes gefährdet ist, entkommen. Aber da er noch physisch in ihr steckt, muß er gegen sie angehen. Sich ihr jetzt zu überlassen, wäre sein Untergang, da sie selber vom Untergang bedroht ist. In einem solchen Augenblick kann er seine Eigenheit nicht genug betonen. Durch Schläge und Stöße weckt er Schläge und Stöße. Je mehr er austeilt, je mehr er bekommt, desto klarer fühlt er *sich*, desto deutlicher sind die Grenzen seiner eigenen Person auch für ihn wieder gezogen.« (MM, I, S. 24) Freud beachtet nicht die konkrete Wirkung der den einzelnen isolierenden Angst in der Situation, in der sich der Fluchtmasse Hindernisse aller Art entgegenstellen und sie zerstören, die bisher, ohne Führer, durchaus in ihrer *einen* Richtung, weg von der Gefahr, zusammengehalten hat. Die Panik kann als Zerfall aufgehalten werden, sobald die einheitliche Richtung der Massen-Bewegung

wieder hergestellt wird, durch unmittelbar und sofort ein-
sichtige Beseitigung der konkreten Hindernisse oder zum Beispiel auch, wofür Canetti ein Zeugnis anführt, durch Sammlung in einem Angstgebet zu einem gemeinsamen Gott, d. h.
durch die zusammenhaltende Kraft und einheitliche Richtung
des Gebets als einem Wunsch nach Rettung.

In seiner massenpsychologischen Studie hält sich Freud das
Phänomen der Masse erfolgreich vom Leibe. Canetti bezweifelt
denn auch Adorno gegenüber vor allem die Existenz des so
außerordentlich spekulativen, vieldeutigen Konzepts der »Identifizierung«, das in Freuds Überlegungen zu den psychologischen Gesetzmäßigkeiten bei Massenvorgängen eine so große
Rolle spielt. Erst nach eingehender Untersuchung aller Aspekte
der Verwandlung, meint er, könnte man vielleicht in der Lage
sein zu wissen, »was ein Vorbild eigentlich ist, was wirklich
vorgeht zwischen dem Vorbild und dem, der sich ein Vorbild
nimmt«. (GeZu, S. 88)

Sozialpsychologisch ist das Problem des Vorbilds natürlich
gerade in unserem Jahrhundert der weniger offensichtlichen
oder weniger offensichtlich wirkenden sozialen Regulierungen
von gar nicht zu überschätzender Bedeutung bei der Konstituierung des Selbst im Verhältnis zum anderen. Durch seine
Vernachlässigung des Wechselverhältnisses zwischen dem Führer und dem Geführten hat Freud eine große Lücke gelassen
in bezug auf ein besseres Verständnis spezifischer Herrschaftsformen. Mit der Heraushebung des Führers und seiner Einzigartigkeit (Nr. III A, 14, XIII, S. 135) ist nichts gesagt über
das Bedürfnis der Mächtigen, in einem sehr spezifischen Sinne
Vorbild zu sein, Identifizierungsprozesse absolut zu kontrollieren: das Bedürfnis, sich an der Masse der Beherrschten zu
nähren, sie in sich zu verwandeln, sie schließlich sich einzu-
verleiben. Und gerade auf diesem Bedürfnis beruht, wie Canetti überzeugend darstellt, die tödliche Bindung zwischen
Masse und Macht.

Man ist versucht zu sagen, Freud habe die mit Recht ge-
rühmte Neugier und disziplinierte Offenheit, den deskriptiven
Genius nicht aus seiner psychoanalytischen Praxis in seine metapsychologischen Schriften übernommen, Canetti dagegen
habe die Beobachtungspräzision, die Darstellungsschärfe, die
die *Blendung* auszeichnen, in *Masse und Macht* weiterent-
wickelt. Indem er dem Phänomen in seinen Texten Präsenz
verschafft, enthält er sich der Versuchung ein System zu er-

richten. Die Selbstverständlichkeit, mit der er Erscheinung um Erscheinung, Dokument um Dokument, Mythen, Fabeln, Berichte zugänglich macht, ist vielleicht als eine Art von provozierend gutem methodologischem Gewissen das herausforderndste Element von *Masse und Macht*. Sie gründet auf der Befreiung von der Notwendigkeit, Zweifel und Kritik zu antizipieren und die antizipierende Abwehr zur Absicherung seines Systems der Beweisführung zu integrieren. Es gibt für Canetti keinen Zweifel an der Richtigkeit seiner Beobachtungen, an der Auswahl seiner Dokumente, denn begeistert und entsetzt von der Überzeugungskraft seiner Funde, hat er sie immer auf besondere Weise betroffen gemacht. Er hat sich selbst durch sie verwandelt und hofft, daß der Leser diesen Verwandlungsprozeß mit ihm teilen wird. So kann er mit einer Autorität, die auch in den Humanwissenschaften nicht üblich ist, behaupten, ein bestimmtes Werk z. B. über Buschmann-Folklore halte er für das »kostbarste Dokument der frühen Menschheit« (MM, II, S. 66) – der Kontext gilt der besonders entwickelten Fähigkeit der Buschmänner, Verwandlungen in sich zu konkretisieren. Das Recht dazu hat er sich in seinen Texten geschaffen; sein Zweifel, seine Selbst-Befragung ist wirksam in der Abwesenheit jeglichen Systems: »Er stößt alles von sich fort, bis genug Leere um ihn ist, und dann beginnt er von Diesem zu Jenem zu *springen*. In seinen Sprüngen schafft er seine Straße. Der Grund ist nur sicher, weil er auf ihn tritt, dazwischen ist alles Zweifel.« (PM, S. 250)

Es ist durchaus konsequent, daß Adorno, einer der prominentesten Vertreter der zeitgenössischen deutschen Wissenschaftskritik, sich Canettis Werk gegenüber hilflos gezeigt hat. Das Ausmaß seiner Verschlossenheit ist deshalb so instruktiv, weil es die Frage nach dem Verhältnis von Subjektivität und Objektivität im Erkenntnisprozeß scharf herausstellt. In der erwähnten Diskussion mit Canetti bemüht sich Adorno um eine »Ortsbestimmung« von dessen Ansatz; er nennt Canettis »Subjektivität« »auffällig«, »ein wenig auch ein Skandalon«. Damit bezieht er sich nicht auf die »Subjektivität des Gedankens, die Subjektivität des Autors«, die ihm als »Freiheit der Subjektivität«, als Mangel an Respekt für arbeitsteilige Grenzen vielmehr »unendlich sympathisch« sei, sondern er bezieht sich auf Canettis »Ausgang von Subjekten«, von »Vorstellungsweisen«:

»Es ist mir sehr bewußt, daß Sie übrigens auch darin doch gar nicht so verschieden von Freud die Grundbegriffe, die Sie verwenden – Masse und Macht –, schließlich doch, wie ich es eben auch tun würde, auf reale Bedingungen, also auf reale Massen und reale Macht, also auf Erfahrungen eines Wirklichen zurückführen. Trotzdem wird der Leser Ihres Buches nicht ganz das Gefühl los, daß eigentlich in der Entwicklung Ihres Buches die Imagination, die Vorstellung dieser Begriffe oder Fakten – beides geht ja ineinander – doch noch von einer größeren Bedeutung ist als sie selber.« (GeZu, S. 68 f.)

Adorno scheint unfähig, sein Konzept der »Freiheit der Subjektivität« wirklich an der des Gesprächspartners zu formen, denn dessen Verfahrensweise beunruhigt ihn zu sehr. Er gesteht Canetti nicht zu, die Realität der Masse wie der Macht als vielschichtig gewordene zu erfahren, als das dynamische Resultat vieler Verwandlungen. Die Verbindung von Masse und Macht im Kraftfeld des Todes, um die es Canetti von der *Blendung* an geht, geschieht in den (menschlichen) »Subjekten«, in ihren Sinneswahrnehmungen so gut wie in den davon konstituierten Bildern, die sich Menschen jahrtausendelang von Massen und von Macht, von den Mächtigen gemacht haben. Mit Bildern und Begriffen haben sie sie bezeichnet, sie zu manipulieren gesucht, sind sie ihr Opfer geworden. Es ist Adorno unverständlich, daß und in welchem Maße vergangene Betrachter dieser Phänomene, ebenso wie der gegenwärtige Betrachter Canetti, sich von ihrer Erfahrung haben verwandeln lassen und damit das Phänomen als sich weiter entwickelndes offen halten. Es ist erstaunlich, daß er den Unterschied zwischen Canetti und Freud nicht in seine Argumentation einbezieht; der Grund liegt wahrscheinlich darin, daß ihm der wirkliche Verzicht auf den schnellen (begrifflichen) Zugriff und Abschluß – er wirft zwar solchen Zugriff dem naturwissenschaftlich technologischen Denken vor, praktiziert ihn aber selbst unbeirrbar – im Grunde unverständlich bleibt.

Canetti hält Adorno einen bedeutend komplexeren, auch verwirrenderen Realitätsbegriff entgegen: soziale Realität existiert in der Art, wie Menschen sich in der von ihnen vorgefundenen, von vor ihnen Lebenden geschaffenen oder beeinflußten Umwelt verständigen. In diesem Sinne existiert sie in »Subjekten«, in »Vorstellungsweisen«, die aufeinander einwirken. »Reale Massen«, »reale Macht« sind die Erscheinungsformen dieser Vorstellungsweisen und bilden sie zugleich weiter. Adorno argumentiert, als ob es eine Realität ›da draußen‹ gebe, deren man sich mit einem apriori funktionierenden Denken bemächtigen könne, um sie dann, selbst unverändert, zu verändern. Das Ergebnis ist ein unversöhnter und in dieser Form auch unversöhnbarer Gegensatz von zögerndem ›Materialismus‹ – als Soziologe erinnert sich Adorno zuweilen daran, daß man ›wissenschaftlich‹ zu verfahren, d. h. sich am ›Realen‹ zu orientieren habe – und kategorischem Idealismus: das instrumentelle Denken der Naturwissenschaften, das von der Realität ausgeht und über sie technologisch verfügt, bedeutet, wie Adorno beklagt, die totale Bedrohung der freien Subjektivität und Kreativität des Menschen. Es war Adorno nicht einsichtig, daß Canetti hier eine zwar eigentümliche, aber deshalb nicht minder wirkungsvolle Vermittlungsmöglichkeit entwickelt.

Zudem liegt bei Adorno, eben wegen dieser in ihrer Unentschiedenheit verfrüht zupackenden Denkweise, eine Hypostasierung des von ihm selbst erlebten Moments des geschichtlichen Ablaufs vor: in seinem Falle die Erfahrung des Faschismus. Er gesteht einer langen Vergangenheit und vor allem einer wahrscheinlich langen Zukunft des Menschen nur höchst verengte Möglichkeiten zu. Canettis Geschichtsbegriff ist bedeutend flexibler und weiter. Die Geschichte, notiert er 1943, »gibt den Menschen ihr falsches Vertrauen zurück«. (PM, S. 59) Denn sie »stellt alles so dar, als hätte es nicht anders kommen können. Es hätte aber auf hundert Arten kommen können. Die Geschichte stellt sich auf die Seite des Geschehenen und hebt es durch einen starken Zusammenhang aus dem Nichtgeschehenen heraus. Unter allen Möglichkeiten stützt sie sich auf die eine, die überlebende. So wirkt die Geschichte immer, als ob sie fürs *Stärkere* wäre, nämlich fürs wirklich Geschehene: es hätte nicht ungeschehen bleiben können, es mußte geschehen«. (1950; PM, S. 160)

Um gegenwärtige und zukünftige Möglichkeiten mit einiger Genauigkeit erwägen zu können, sollte der Historiker die utopisch-potentielle Dimension der Vergangenheit nicht vernachlässigen, vor allem nicht die Zeugnisse, in denen diese sich tradiert hat: »ein genaueres Studium der Märchen würde uns darüber belehren, was wir in der Welt noch zu erwarten haben«, heißt es denn auch in den Aufzeichnungen (1943; PM, S. 48). Adorno spricht mit Freud von einer Art Regression des Individuums im Massenerlebnis, »einer Art Kurzschluß«: »das, was aus der Vorzeit beschworen wird, aber eigentlich keine Wahrheit mehr hat, das verwandelt dadurch, durch dieses Moment seiner eigenen Unwahrheit in der Gegenwart sich in eine Art von Giftstoff.« (GeZu, S. 75) Es ist nicht nur nicht nötig, den dialektischen Umschlag zu bemühen: es ist auch falsch. Das ›aus der Vorzeit Beschworene‹ ist im Gegenwärtigen enthalten, und es bedarf nicht einer pathologischen Regression, um es zu aktivieren. Adorno vergiß sowohl, daß der Mensch bereits sehr viel länger als die Geschichtsschreibung rechnet sozial existiert, als auch, daß er stammesgeschichtlich noch sehr jung ist, daß z. B. das tierische Erbe eine wichtige, ernstzunehmende Rolle spielt.

Vom Tier hat der Mensch die Formen und Techniken der Beherrschung, der Machtausübung gelernt und gegen Tiere zuerst hat er sie, da er über alle spezifischen tierischen Begabungen durch seine spezifisch menschliche Fähigkeit zur Verwandlung verfügt, erfolgreich angewendet. Dieser allzu eindeutige Erfolg hat einen Stachel in ihm hinterlassen, der ihn zu immer weitergehenderer Machtausübung antreibt. In einem der wichtigsten Kapitel von *Masse und Macht*, »Der Befehl«, wird im Zusammenhang des »Fluchtbefehls«, den ein stärkeres Tier dem schwächeren gibt, das Todesurteil als Ursubstanz jeden Befehls, als in jedem Befehl zuunterst enthalten aufgezeigt. (MM, II, S. 30) Die zerstörerische Wirksamkeit des Befehls, der Annahme eines Befehls also, drückt sich in der Fremdheit zwischen Selbst und Handlung aus, die unter Befehl ausgeführt wird, und in dem Schmerz des Stachels, der von jedem ausgeführten Befehl zurückbleibt.

Dieser Stachel isoliert den Einzelnen und zerstört zugleich seine Autonomie; seine Wirkung ist besonders deutlich an der militärischen Ausbildung zu beobachten und wird hier sehr bewußt manipuliert. (Unterkapitel »Befehlserwartung« MM, II, S. 39 ff.; S. Nr. III A, 7, S. 107 ff.) Er kann nur, so argumentiert Canetti, im Erlebnis der Masse aufgehoben werden, in der alle der gleiche Befehl trifft. Hierher gehört auch das Phänomen des die Massen erregenden und sie damit als Masse konstituierenden Redners. Hitler hatte diesen Zusammenhang durchschaut. Was bei der bloßen Lektüre von *Mein Kampf* wirkungslos blieb, deshalb nicht ernstgenommen wurde, ja lächerlich wirkte, das außerordentlich aggressive, kindisch grausame Schlagwort als drohender Befehl: in der Haltung des Massenredners, der Hitler auch blieb, als er, in seiner Zelle isoliert, sein Pamphlet zu Papier brachte, findet es seine eigentliche Berechtigung und Wirkung. Denn es verwandelt die vielen Einzelnen in die ersehnte Masse.

Die Tatsache des Befehls und seiner Ausführung, also die

Hinnahme der Einteilung in »Befehlshaber« und Befehlsempfänger, sieht Canetti als eines der destruktivsten Elemente sozialen Übereinkommens. Nicht alle Gesellschaften sind in dieser Hinsicht so nachlässig verfahren wie die unsere. Canetti fand in den Zeugnissen früherer Gesellschaften den Versuch, sich psychisch zu immunisieren gegen die Auswirkungen des Machtverhältnisses zwischen Menschen, das im Befehl seinen reinsten Ausdruck findet. Aus indischen Opfertraktaten zitiert er z. B. die Geschichte des Bhrigu, deren Sinn in dem Satz gipfelt: »Denn welche Speise der Mensch in dieser Welt ißt, die ißt ihn in jener Welt wieder.« (MM, II, S. 55) Menschen mit Seelen von Rindern zerhacken im Jenseits die Menschen, von denen sie im Diesseits getötet worden sind. Schließlich findet jedes Opfer seinen Verzehrer, packt ihn und tut ihm, wie dieser ihm getan hatte; jeder bestraft selbst seinen Feind. Wichtig ist hier, daß bei der Wunsch-Projektion in ein Jenseits die konkrete Situation erhalten bleibt; denn dadurch wird sowohl dem von Befehlsstacheln rastlos und stumpf gemachten Menschen ein möglicher Weg zur Erleichterung gezeigt, als auch der Befehlshaber auf die Problematik dieses so ›natürlichen‹ Verhältnisses aufmerksam gemacht.

Der Stachel des Befehls ist in der Tat ein zentrales Problem im Zusammenleben der Menschen und das Verdienst von *Masse und Macht* liegt darin, ihn so konkret, so bedrohlich herausgestellt zu haben. Freud in seiner erstaunlichen Beschränkung auf sich selbst, die ihn zu großartigen Einsichten in psychische Gesetzmäßigkeiten ebenso geführt hat wie zu monumentalen Fehlurteilen, hat diesen Stachel viel zu sehr internalisiert; vielleicht, weil er die Realität der Ohnmacht nicht ertragen konnte, mit der ein jeder ebenso leben muß wie mit der Macht. Aus der Unerträglichkeit der Ohnmacht, die Canetti vor allem als Beobachter sozialer Handlungen erfuhr, zog er den Schluß, daß man sie nun erst recht vorführen und zu diesem Zweck sich selbst als Beobachter – und den Leser – immer wieder an dieser Erfahrung verwunden müsse. Vor allem in den Aufzeichnungen, wo in aphoristischer Form viele Entwürfe sozialer Alternativen zu finden sind, gibt es eine Anzahl von »Umkehrungen« des Befehlsverhältnisses: demütige Menschen vor den Thronen der Tiere, ihr Urteil erwartend (1962; PM, S. 258); »einer läßt die Armen zu sich kommen und schenkt ihnen Reiche« (1972, PM, S. 353). Vor allem aber eine Art von Umkehrung für die, wie Canetti es sieht, Hilflosesten und Wehrlosesten, für die Toten, an denen sich die im Befehl enthaltene Todesdrohung erfüllt hat: er verzeiht den Göttern nicht, die ihn kniefällig darum bitten, denn sie hatten zu viele Menschen überlebt, »zu alt waren sie geworden und dabei zu jung geblieben. Er ließ sie so auf ihren Knien liegen und wandte sich heftig ab«. (1956, PM, S. 203; s. auch das Unterkapitel »Die Umkehrung« MM, II, S. 55 ff.).

Radikal aufrichtige Zeugnisse des Verhältnisses zwischen Macht und Ohnmacht sind Canetti immer einer Analyse wert – ob es sich nun um altindische Opfertraktate handelt, um die Mythen australischer Buschmänner, um Visionen sibirischer Schamanen, um das Tagebuch, das der japanische Arzt Dr. Hachiya vom 6. August bis zum 30. September 1945 über das große Sterben führte (GW, S. 203 ff.) oder um die Erinnerungen von Albert Speer (Nr. III A, 42). Speers Erinnerungen, so wie sie Canetti in »Hitler, nach Speer« (GW, S. 163 ff.) vorstellt, bestätigen ihm eindringlich die wesentlichen der in *Masse und Macht* zusammengetragenen Erkenntnisse. Sie belegen die für Hitlers Schreckensherrschaft so wichtigen Züge eines irrsinnigen Drängens auf Vermehrung – sofort, jetzt, hier –, seine Faszination von der symbolischen Vorwegnahme solcher Vermehrung und Dichte, seine Besessenheit von der springenden Zahl – wer hätte nicht Hitlers berauschtes Wort »Millionen« im Ohr –, nicht zuletzt seinen zwanghaften Aggressions- und Vernichtungsdrang, wenn sich dieser Vermehrung, der Expansion seiner Macht als seines Selbst, Hindernisse entgegenstellten.

Speers *Erinnerungen* sind für den Canetti – und seinen Leser – interessierenden Problemkreis von großem Nutzen, denn hier werden Fakten als von den beteiligten Handelnden ›gemacht‹ gerade so weit überschaubar, daß sie die Basis einer weitergehenden Klärung bilden können. So war sich Speer z. B. über die intentionale Wurzel von Hitlers Baustil durchaus im klaren: sie galt nicht, wie Hitler behauptete, dem nationalen Selbstbewußtsein, soweit es den einzelnen Deutschen betraf, sondern vielmehr dem Selbst-Bewußtsein seines Führers: »der auf seinen Befehl erzeugten, in die Ewigkeit projizierten Vorstellung der eigenen Größe.« (Nr. III A, 42, S. 82 f.) Die Ausführung riesenhafter Bauten aus härtestem Stein – Glas war Hitler als Baumaterial verhaßt, weil es die Außenwelt auf vielfältige und nicht zu kontrollierende Weise in das Gebäude eindringen läßt – werden von Speer nach Hitlers ausdrücklichem Wunsch auf die geschlossenen Steinmassen der

ägyptischen Pyramiden bezogen, mit diesen verglichen: Bauten,
die Jahrtausende überdauerten. Speer erkennt durchaus den
Anspruch des Übertrumpfens, von allem und allen der Größte,
Mächtigste, Lebenskräftigste sein zu wollen. Er verzeichnet,
wie unheimlich es ihn berührte, als Hitler »mitten im Frieden,
unter Beschwörung der Verständnisbereitschaft, Pläne zu verwirklichen begann, die nur in Verbindung mit kriegerisch hege-
monialen Herrschaftsansprüchen gesehen werden konnten«.
(Nr. III A, 42, S. 88)
   Nun wird zwar der Herrschaftsanspruch durchaus als erschreckend kommentiert, aber für den Leser wichtig ist, daß
er zunächst einmal deutlich in seinen von Hitler und Speer
erdachten Formen erscheint, und genau darauf macht Canetti
durch seine Darstellung Hitlers »nach Speer« immer wieder
aufmerksam. Mit Canettis Hilfe zum Betrachter geworden,
kann der Leser dann sehen, was Speer selbst übersehen hat:
das in all den Einzelheiten von Hitlers und Speers Plänen sich
manifestierende Verhältnis von Masse und Macht, die überall
hervortretende Tatsache, daß die ›Größe‹ dieses Herrscher-
Selbst sich an der Masse zu nähren hatte. In Hitlers berausch-
ten Vorstellungen einer enormen Kuppelhalle, die mit ihren
21 000 000 cbm Raumumfang und einer Kapazität von 180 000
stehenden Zuhörern die größte bis dahin erdachte Versamm-
lungs-Halle der Welt geworden wäre, dokumentiert sich sein
Bedürfnis, die Masse zu erhalten, die er erregt hat und durch
die er an die Macht gekommen ist, die seine Legitimität ausmacht und die er seinen schwächeren Nachfolgern, denen solche Massen-Erregung nicht mehr gelingen wird, gleichsam in
der Hohlform hinterlassen will. Bei dem geplanten großen
Triumphbogen, dessen Bogen-Öffnung allein fast doppelt so
hoch gewesen wäre wie der ganze Arc de Triomphe, war es die
von Speer recht scharfsinnig erkannte Intention Hitlers gewesen, die Niederlage des ersten Weltkriegs zu negieren, mehr
noch, sie in einen Sieg zu verwandeln, der sich als größer
erweisen sollte als alle Siege Napoleons zusammengenommen.
Aber das ist, wie Canetti darstellt und zeigt, nur ein Aspekt
von Hitlers Intentionen. Gleich wichtig an diesem Plan war
ihm die Erhaltung der Masse der Toten des ersten Weltkriegs:
1.8 Millionen Namen, die, in den Bogen eingemeißelt, in ihrer
überwältigenden Mehrzahl dem Auge des Betrachters nicht
zugänglich, nur als *seine*, Hitlers Zahl überleben werden.
   Die Massen der Toten waren von eminenter Wichtigkeit für
Hitler. Einmal setzte er mit ihnen, seiner ersten und letzten

Kraftreserve, einem riesigen unzerstörbaren Massenkristall vergleichbar, die Massen der Lebenden in Bewegung: gegen das »Diktat von Versailles«, in Richtung auf den zweiten Weltkrieg. Und nur wenn sie wachsen können, in Bewegung also, sind Massen, wie Hitler sehr klar erkannt hatte, mit einiger Wahrscheinlichkeit zu leiten. (Nr. III A, 40) Anderseits erfüllen diese Toten auch das zwanghafte Bedürfnis des paranoiden Herrschers nach Einverleibung, nach der vollkommenen Endform der Beherrschung, wie Canetti in dem Kapitel »Die Eingeweide der Macht« demonstriert. (MM, I, S. 223 ff.) Sie beruhigen seine Besessenheit des Willens zum Überleben, da er sich an ihnen so konkret als Überlebender fühlen kann und damit als der, der die vollkommene, nicht mehr angreifbare Macht besitzt. Ehe der Krieg noch begonnen hatte, sprach Hitler mit genußvoller Selbstverständlichkeit von den Massen, die umkommen würden; zu Ende des Krieges preist er *seine* Kriegstoten als den besten Teil des deutschen Volkes. Wer noch lebt, soll nun gezwungen werden, mit ihm unterzugehen; er kann es nicht dulden, daß jemand ihn überlebt.

Die Massenvernichtung der Juden sieht Canetti in diesem Zusammenhang: Hitler übt sich gleichsam an der Masse der Juden ein, die er gesammelt hat und bereithält und die, sobald der Verlauf des Krieges sein eigenes Überleben in Frage stellt, vernichtet werden. Für den vorausgehenden notwendigen Prozeß der Entwertung dieser Menschen zu Material – die 1942 eingerichteten Vernichtungslager waren perfekt funktionierende Fabriken – wurden in den KZs psychologisch erstaunlich konsequente Methoden entwickelt. (Nr. III A, 7, Kapitel 4, 5, 6) In dem Kapitel »Masse und Geschichte« bringt Canetti diesen Entwertungsprozeß in einen aufschlußreichen Zusammenhang mit der für die Geschichte der Weimarer Republik außerordentlich wichtigen Erfahrung der Inflation, die Hitler sehr geschickt benutzte. (»Inflation und Masse«, MM, I, S. 202 ff.) Er verweist auf die konkrete Identifizierung des Erlebnisses der Selbst-Entwertung mit dem der Geld-Entwertung:

»Der *einzelne* fühlt sich entwertet, weil die Einheit, auf die er sich verließ, die er sich selber gleichachtete, ins Abgleiten geraten ist. Die *Masse* fühlt sich entwertet, weil die *Million* entwertet ist [...] Alle Massen, die sich in Inflationszeiten bilden – und sie bilden sich gerade dann sehr häufig –, stehen unter dem Druck der entwerteten Million.« (MM, I, S. 206)

Die Schuld an diesem zentralen Trauma wurde häufig den Juden gegeben, weil sie mit Geld, auch verdorbenem Geld, professionell umgingen. Hitlers Angriff auf sie konnte sich die starken Gefühle der Demütigung, Selbst-Entwertung unter seinen Zuhörern zunutze machen und diese zu einer Hetzmasse gegen die Juden erregen. An der verbal projizierten mehr noch als an der realisierten Behandlung der Juden war der Prozeß der Entwertung, der Inflation wiederholbar und damit, den Gedemütigten Erleichterung verschaffend, symbolisch aufgehoben. Canettis Erklärung zu diesem ebenso grauenhaften wie rätselhaften Phänomen der Sozialgeschichte unseres Jahrhunderts sind ebenso kühn wie bedenkenswert:

»Erst wurden sie [die Juden] als schlecht und gefährlich, als Feinde angegriffen, dann entwertete man sie mehr und mehr; da man ihrer selber nicht genug hatte, sammelte man sie in den eroberten Ländern; zum Schluß galten sie buchstäblich als *Ungeziefer,* das man ungestraft in Millionen vernichten durfte. Man ist noch heute fassungslos darüber, daß Deutsche so weit gegangen sind, daß sie ein Verbrechen von solchen Ausmaßen, sei es mitgemacht, sei es geduldet oder übersehen haben. Man hätte sie schwerlich so weit bringen können, wenn sie nicht wenige Jahre zuvor eine Inflation erlebt hätten, bei der die Mark bis auf ein Billionstel ihres Wertes sank. Es ist diese Inflation als Massenphänomen, die von ihnen auf die Juden abgewälzt wurde.« (MM, I, S. 207)

Was mit den Massen von Juden geschah, konnte, unter entsprechenden Umständen, auch mit den Massen der anderen Deutschen geschehen. Schon relativ früh betrieb Hitler die ihrer Vernichtung vorausgehende Entwertung: Speer verzeichnet erstaunt, daß Hitler sich bereits 1939 von ›seinem‹ Volk zu trennen begann. Der Prozeß der Einverleibung und Verdauung war bereits weit fortgeschritten. Die eigentliche Faszination lag für Hitler nun in der Bewegung von riesigen Zahlen von vornherein zum Tode verurteilter Soldaten. Unter der zweifachen Todesdrohung, dem Befehl ihres Führers und dem erst heraufbeschworenen, dann realen Vernichtungswillen des Feindes, schmolzen sie zu einer außerordentlich zuverlässigen Kriegsmasse zusammen, welche auch unter den schwierigsten Umständen für erstaunlich lange Zeit nicht zerfiel.

Hitler ist nur ein paranoider Herrscher unter vielen – allerdings in einer extrem entwickelten Form und sehr ausführlich belegt. Er ist in *Masse und Macht* meist indirekt, aber deutlich gegenwärtig: als Monstrum und doch in seinen sozial-psychischen Mechanismen einsichtig; als einmaliges Phänomen und als Beispiel für den Zusammenhang zwischen Paranoia und Herrschaft, Macht, Masse, Tod; als Exempel für die konkrete sozialpsychologische Bedeutung des Überlebenden, jener seit Jahrtausenden immer wieder die Menschen verführenden und vergewaltigenden • »Lichtgestalt« mit Leichenhaufen. (MM I, S. 283)

In dem Kapitel »Herrschaft und Paranoia«, mit dem *Masse und Macht* schließt, zeigt Canetti an den Herrschaftsformen und Herrschaftsriten afrikanischer Könige die Bedeutung von Massen und Befehl, die Art, wie sie der magischen Kraft des Königs verbunden sind. Die ›Vorbildlichkeit‹ des Königs, die sich in einem seinen ganzen Hof beherrschenden Nachahmungszwang realisiert, läßt jede seiner Äußerungen, auch die an sich bedeutungsloseste, wie zum Beispiel Niesen, Husten oder dergleichen, als Befehl empfinden:

»Der Befehl hat sich in diesem Falle vom Wort auf die vorbildliche Handlung zurückgezogen. Es kommt dazu, daß seine ganze Existenz auf Vervielfältigung angelegt ist, Vermehrung, wie gesagt, ist seine raison d'être. So hat auch jede Regung und Äußerung von ihm die Tendenz, ein Vielfaches von sich hervorzurufen. Man könnte sagen, daß bei solchen Gelegenheiten sein Hof zu einer Art von Vermehrungsmeute wird, wenn nicht seiner inneren Empfindung nach, so doch in seinem äußeren Gehaben. Jeder tut dasselbe, aber der König tut es zuerst. Der Hof, der ein Massenkristall geworden ist, findet so zu seinem Ursprung, der Vermehrungsmeute, zurück.« (MM, II, S. 158 f.)

Die Vermehrungssubstanz des Herrschers steht in einem Wechselverhältnis mit seiner Kraft zu überleben. Ist diese Kraft am Abnehmen, so wird er getötet, um sie zu vermehren. Diese Kraft wird aber auch in ihren für die Gemeinschaft gefährlichen Ausmaßen gesehen und begrenzt, indem jeder Herrscher nach einer bestimmten, von Beginn an festgesetzten Zahl von Regierungsjahren getötet wird.

Macht-Habe und Macht-Ausübung ist so mit dem Überleben aufs engste verbunden, und die sozialpsychischen Folgen für das Ich dessen, der Macht besitzt, sind meist destruktiv, zuweilen in katastrophischem Ausmaß. Als den »reinsten Fall eines paranoischen Machthabers« beschreibt Canetti die quellenmäßig gut belegte Herrschaft des Sultans von Delhi, Muhammad Tughlak, der von 1325–1351 in stets wachsender Grausamkeit sein Volk regierte, das für ihn nur aus schlechten Menschen bestand, die er zu bestrafen hatte: »Das Fremdartige seines

Daseins macht ihn für einen Europäer besonders lehrreich. Alles an ihm ist auffallend; man übersieht ihn besser. Der strenge Zusammenhang seiner Natur liegt klar zutage.« (MM, II, S. 178) Vier verschiedene Massen existieren in seiner Einbildungskraft, geraten miteinander in Konflikt, schaffen die Energien, die das destruktive Handeln des Herrschers vorantreiben: sein Heer, sein Geld, seine Leichen, sein Hof mit der Hauptstadt. Mit dem Untergang seines Heeres erschöpft sich seine Substanz, die Bewohner seiner Hauptstadt hat er in die Verbannung geschickt; nur die Leichenhaufen bleiben übrig: »Vom Dache seines Palastes überblickt er die leere Metropole: Das Glück des Überlebenden hat er voll genossen.« (MM, II, S. 179)

Das Kapitel endet mit einer Analyse der 1903 erschienenen *Denkwürdigkeiten* des Dresdner Senatspräsidenten Schreber, einer Bloßlegung der Prozesse der Macht in einem Mann, »der sie zum Glück für die Welt nur in seinem Wahn besaß«. (MM, II, S. 179) Diese äußerst konsequente, detaillierte Darstellung eines Wahnsystems durch den Kranken selbst erschließt Canetti dem Leser mit dem mehrfach erwähnten, ihm eigentümlichen Respekt vor dem Text. Seine Sprache, so meint er, sei für die Darstellung dieser Probleme wie geschaffen, sie erfasse gerade so viel, daß nichts Wesentliches im Dunkel bleibt. Schreber »plädiert und ist zum Glück kein Dichter: so kann man ihm überallhin folgen und ist doch vor ihm geschützt«. (MM, II, S. 180) Wenn dieses Urteil nun sicherlich nicht als verallgemeinernde Bemerkung über den Wert oder Unwert poetischer Sprache intendiert ist, so kann es doch zugleich als ein Verweis auf Canettis Verfahren genommen werden. Auch für ihn ist es ein sehr wichtiges Anliegen, daß der Leser ihm überallhin folgen kann. Auch er plädiert und wendet sich an die Verständnisbereitschaft des Lesers, die nicht vollständig, ja nicht einmal annähernd möglich wäre, ohne die emotionale Dimension der Betroffenheit durch konkrete sozialpsychische Phänomene und Probleme. In *Masse und Macht* verwirklicht er all dies ohne den Anspruch der Poetizität.

Daniel Paul Schreber, der 1884 im Alter von 42 Jahren sich in psychiatrische Behandlung begab und während der restlichen 27 Jahre seines Lebens immer wieder zeitweilig als Paranoiker in Nervenanstalten lebte, war von der Richtigkeit und Gültigkeit des von ihm geschaffenen Systems vollkommen überzeugt. Im Unterschied zu Freud, der die *Denkwürdigkeiten* 1911 eingehend in seiner Studie über Paranoia behandelt und ihre verschiedenartigen Wahnformen als individuelles, psychisches

Defensivsystem erklärt, hebt Canetti die sozialpsychologischen
Elemente der Masse, der Macht und des Überlebens in diesen
Wahnvorstellungen heraus. Schrebers *Denkwürdigkeiten* sind
ein klassischer Text der Psychoanalyse; Freud zwängt die
außerordentlich interessanten Beobachtungen, die dieser Text
bietet, ganz in das Schema des Ödipus-Dreiecks. (Nach-
freudsche Analytiker haben sich in diesem Fall freilich mehrfach
gegen die Nützlichkeit solchen Verfahrens ausgesprochen: Nr.
III A, 11, S. 18–26.)

Das besonders distinkte Selbstgefühl des Paranoikers, herausgehoben zu sein aus allen anderen, drückt sich aus in der
Gleichsetzung, die Schreber zwischen seinem Körper und dem
Weltkörper vornimmt. Die Gesamtheit aller Seelen, die sich um
ihn versammeln, schrumpfen an ihm und gehen dann in ihn
ein: er zieht sie an als Masse, dann verkleinert er sie, zehrt sie
auf, und sie nähren nun seinen eigenen Körper. (MM, II,
S. 187) Durch diese Einverleibung bändigt er sie, die eigentlich ihm feindlich gesinnt waren. Die Verbindung zur politischen Macht ist leicht herzustellen. Auch das Element des
Katastrophischen, das bei Schreber sehr deutlich heraustritt,
stützt diese Verbindung: die Seelen, die er anzieht, gefährden
durch ihre Bewegung auf ihn zu die Existenz der vielen anderen Sterne, deren Substanz sie zu sein scheinen. Die Substanz
des Weltalls ist in seinen Körper eingegangen. Die Menschheit gibt es nicht mehr; er allein ist übrig, überlebt.

»Aus dem einzigen, der am Leben ist, wurde er der einzige, der
zählt. Man wird die Vermutung nicht abweisen können, daß hinter
jeder Paranoia, wie hinter jeder Macht dieselbe tiefere Tendenz
steckt: Der Wunsch, die anderen aus dem Wege zu räumen, damit
man der einzige sei, oder, in der milderen und häufig zugegebenen
Form, der Wunsch, sich der anderen zu bedienen, daß man mit ihrer
Hilfe der einzige werde.«

Mit diesen Worten endet *Masse und Macht*, ein Werk, das so
beharrlich und konkret wie wenige Texte unseres Jahrhunderts
für die Notwendigkeit plädiert, die politischen und psychischen
Probleme dieser Zeit wirklich konsequent als soziale zu sehen.
Der Epilog »Die Auflösung des Überlebenden« verweist auf die
monströsen Proportionen, auf die der Überlebende angewach-
sen ist. Die Vernichtungsmöglichkeiten, die ihm zu Gebote
stehen, sind ungeheuerlich. Neu ist allerdings, daß auch seine
Angst ins Ungeheuerliche gewachsen ist, denn »die Bewah-
rung des Machthabers auf Kosten aller übrigen hat sich ad

absurdum geführt, sie liegt in Trümmern. Die Macht ist größer, aber sie ist auch *flüchtiger* als je. Alle werden überleben oder niemand.« (MM, II, S. 219) Der einzige Weg, der aus dieser verzweifelten Lage herausführen könnte, ist eine geschärfte Aufmerksamkeit für das was der Befehl eigentlich bedeutet, für die Todesdrohung als seine Substanz.

3.2. Die Befristeten

Während der Arbeit an *Masse und Macht* schrieb Canetti das Drama *Die Befristeten* – ein höchst rationaler poetischer dichterischer Protest gegen die Hinnahme des Befehls in seiner reinsten Form, gegen die Hinnahme des Todes. An dem Studium der Beziehungen zwischen Masse und Macht, das ihm immer deutlicher vor allem die Bedrohung des Menschen, seine Verwundbarkeit zeigte, verstärkte sich ihm die Einsicht in die Mächtigkeit des Todes und seiner sozialen Verdrängungsmechanismen. »Zu den unheimlichsten Phänomenen menschlicher Geistesgeschichte gehört das Ausweichen vor dem Konkreten. Es besteht eine auffallende Tendenz, erst auf das Fernste loszugehen und alles zu übersehen, woran man sich in nächster Nähe unaufhörlich stößt«, bemerkt Canetti zu Eingang des 1962 entstandenen Aufsatzes »Macht und Überleben«. (GW, S. 23) Der Tod – konkreter, älter und einschneidender als jedes sprachliche Zeichensystem – ist von der analytischen Philosophie als metaphysisches Problem beiseite geschoben worden (1971; PM, S. 346); von den Humanwissenschaften wurde das konkrete soziale Problem des Todes wegen der Schwierigkeiten, die es Lösungsversuchen entgegenstellt, kurzerhand zum Naturgesetz abstrahiert. In dem 1915 in der *Imago* veröffentlichten Aufsatz »Zeitgemäßes über Krieg und Tod« versuchte der unbeugsame Kriegsgegner Freud mit der ihm eigenen stoischen Gefühlsökonomie den in schmerzlicher Realität allgegenwärtigen Tod ›irgendwie‹ in das nun einmal so zu ertragende Leben einzuordnen und damit zu kontrollieren – durch das Postulat eines Todestriebs. Canetti sieht solchen Kontrollversuch als nicht nur unwirksam, sondern geradezu schädlich an (GeZu, S. 121 f.): als »Abkömmling alter und finsterer philosophischer Lehren, aber noch gefährlicher als diese, weil er sich in biologische Termini kleidet, die das Ansehen der Moderne haben. Diese Psychologie, die keine Philosophie ist, lebt von deren schlechtestem Erbe.« (1971; PM, S. 346) Von Trauer überwältigt über das große Morden des zweiten Weltkriegs wendet sich Canetti gegen den natürlichsten Feind humaner sozialer Übereinkommen, den Tod, der doch von den wenigsten als solcher erkannt und ernst genommen wird.

Die Konzentration auf die Aufgabe, diese natürlichste Reaktion auch als solche zu begründen, hat großen Teilen von *Masse und Macht*, vielen der Aufzeichnungen den Vorwurf des Dunklen, einer idiosynkratischen Fixierung eingetragen; sie hat das Drama *Die Befristeten*, eine der interessantesten Antiutopien unserer Zeit, bisher zur Wirkungslosigkeit verurteilt. Canetti selbst ist sich über die spezifischen Schwierigkeiten seiner Position durchaus im klaren: »Die größte Anstrengung des Lebens ist, sich nicht an den Tod zu gewöhnen«, notiert er 1967 (PM, S. 298) und schließt sich selbst durchaus ein. In den Vorbemerkungen zu den verschiedenen Ausgaben der Aufzeichnungen erklärt er gewisse Konsequenzen seines Kampfes gegen ein allzu fragloses Hinnehmen des Todes: Er habe in der ihm wichtigsten Frage, der des Todes, unter allen Denkern nur Gegner gefunden. Die Tatsache, daß die eigene Meinung »mit der Kraft eines Glaubens« auftrete und »sich nie ohne Eifer und Heftigkeit« deklariere, sei aus dieser Situation zu erklären. Dabei ist aber festzuhalten, daß Canettis Radikalität als sozialer Denker nicht nur nicht den Anspruch stellt, auf etwas ›Neues‹ verwiesen zu haben, sondern sich diesem Anspruch aufs Nachdrücklichste entzieht. Wie schon die gelassene, präzise, vor allem um Verständnis bemühte Sprache zeigt, zielt diese Radikalität vielmehr auf das Selbstverständlichste im Interessenkomplex jedes Menschen, jeder Gruppe von Menschen: die Vorstellung eines Lebens, das die Determiniertheit durch den Tod nicht anerkennt.

Die Aufzeichnungen, die sich mit dem Todesproblem befassen, sind aphoristische Entwürfe, die auf mögliche gesellschaftliche Zustände hinweisen, in denen der Tod nicht abgeschafft, aber ernsthaft als gesellschaftliches Problem aufgegriffen ist. Städte, in denen Menschen so lange leben, wie sie geliebt werden; in denen Menschen immer wieder auf kürzere oder längere Zeit verschwinden, in denen man alt geboren und immer jünger wird, oder in denen man mindestens zwei Alter hat, z. B. gleichzeitig 59 und 23 Jahre alt ist. Der gemeinsame Grund all dieser Variationen von Möglichkeiten ist die von Canetti verfochtene Notwendigkeit, sich der Verwandlung und damit dem Potential des eigenen und aller anderen Leben offen zu halten, keine Festlegung zu früh anzuerkennen, vor allem nicht die durch den Tod. Es geht Canetti nicht um ein ewiges Leben – ein metaphysischer Begriff, der ihn als solcher gar nicht interessiert. Nicht um ein Absolutes geht es ihm, sondern um bessere Verhältnisse, ein längeres und besseres Leben; beides sieht er in gegenseitiger Abhängigkeit. Das Problem des Todes ist insofern ein soziales, als die durch seine ›Naturgesetzlichkeit‹ geschaffene Verläßlichkeit der Verhältnisse zur leichteren Verfügbarkeit über den Menschen führt. Faktum und Dauer der Anwesenheit und Abwesenheit, Determinierung durch Altersgruppen, ein stetiges Schwinden der Lebensansprüche und Kräfte, des Marktwertes des Individuums, nehmen wir als gegeben hin und haben uns darauf eingerichtet. Immer wieder verweist Canetti auf die Wichtigkeit der Tatsache, daß das soziale Wert-Verständnis vom Todes-Verständnis abhängt: »Ist jeder zu gut zum Sterben?«, fragt er 1943. Die Antwort fällt ebenso vernünftig wie weitreichend in ihren Implikationen aus, falls man sie ernstnehmen will: »Man kann es nicht sagen. Es müßte erst jeder länger gelebt haben.« (PM, S. 67)

Dieses ›länger leben‹, der Kampf gegen den Tod bedeutet nicht mehr und nicht weniger als die konsequente Achtung vor dem individuellen Leben: *jedem* sollte die Möglichkeit zugestanden werden, sein Leben so weit und so sinnvoll auszuleben, wie er nur kann. Diese Forderung ist ein sozial-politisches Lippenbekenntnis unserer hoch entwickelten Gesellschaften. Sie wird nur nicht ernst genommen: das zeigen sowohl die vielbeschworene »Lebensqualität«, die die große Mehrzahl zu völlig sinnloser Arbeit zwingt, als auch die habituell begrenzten Vernichtungskriege, für die wir Waffen liefern, als auch die soziale Unfähigkeit, ja Panik, mit der bereits die längere Lebensdauer einer großen Anzahl von Menschen als ›Problem der Alten‹ behandelt wird.

Canettis Verfahren konzentriert sich auf die Entdeckung der konkreten Grausamkeit in der gesellschaftlichen Abstraktion: »Die Sattheit des Siegers, seine Überfressenheit, Zufriedenheit, sein langes Verdauungsbehagen. Manches sollte man nicht sein, aber das Einzige, was man *nie* sein darf, ist ein Sieger. Aber man ist es, über jeden Menschen, den man gut kennt und überlebt. Siegen ist überleben. Wie soll man es machen: weiter leben und doch nicht Sieger sein? – Die moralische Quadratur des Zirkels« (PM, S. 177) Canetti schrieb dies 1952, dem Jahr, in dem *Die Befristeten* abgeschlossen wurden. Nicht die Forderung nach Abschaffung des Todes wird in dieser Aufzeichnung als Unmöglichkeit beklagt, sondern die, mit dem Tod, vor allem dem Tod des anderen zu leben und dennoch sich seine Menschlichkeit zu erhalten. Gilgamesch, der Canetti seit jeher besonders nahe steht, hat die Unmöglichkeit schärfer an sich erfahren als andere; er wird zum klar umrissenen epischen Protagonisten, lebendig über die Jahrtausende hinweg, gerade durch die Unbeirrbarkeit seines Schmerzes über den Verlust seines Freundes Enkidu, den er nicht akzeptieren kann. Es ist ein nicht wieder gut zu machender Verlust für ihn selbst, den Überlebenden, wie für Enkidu, den Toten, denn in ihrer Freundschaft zu einander, im sozialen Austausch, hatten sie den größten Reichtum an Verwandlungen, das größte Wachstum erfahren, das nun für beide endgültig unterbrochen ist. Die von Gilgamesch erlebte Konfrontation mit dem Problem des Todes als des schlimmsten Hindernisses gegen das sich entwickelnde soziale Bewußtsein des menschlichen Rechts auf solches Wachstum wird von Canetti in der Rede über den »Beruf des Dichters« stark hervorgehoben: sie sei »die einzige, die den modernen Menschen nicht mit dem bitteren Nachgeschmack des Selbstbetrugs entläßt«. (GW, S. 262) Weil diese Konfrontation das Endgültige, Unstillbare des Schmerzes beläßt und keine Katharsis zugesteht.

Gegen solchen Selbstbetrug sind *Die Befristeten* geschrieben: in der von uns übernommenen und weitergeschaffenen sozialen Welt ist noch unvermeidbarer als der Tod selbst seine (Be-) Nutzbarkeit für Systeme der Ausbeutung. Die dem Tod über das Leben eingestandene Herrschaft gilt als das Urmodell aller dem Leben feindlichen Herrschaftssysteme. Gott, der Sieger schlechthin, hat die absolute Macht, das heißt, die Macht zu töten: »Es steht nicht in Gottes Hand, *einen einzigen* Menschen vom Tode zu erretten. Das ist die Einigkeit und Einzigkeit Gottes«, stellt Canetti 1942 fest. (PM, S. 14) Sich und andere vor dem Tode zu retten gelingt nur dem Menschen, der sich konsequent gegen die Herrschaft des Todes stellt, wie Canettis Protagonist Fünfzig. In seiner aus den Fugen geratenen Gesellschaft sind die sozialen Beziehungen durch das totalitäre Herrschaftssystem des Todes fast zerstört. Jedem Befristeten wird bei seiner Geburt in seinem Namen die Zahl seiner Lebensjahre zugeteilt. Er weiß also im voraus, wann er sterben wird – für Fünfzig wird das bald sein – und kann sich darauf einrichten, kann seine Lebenszeit danach einteilen. Diese angebliche, als Freiheit deklarierte Freizügigkeit hat die Etablierung des totalitären Regimes vor allem unterstützt. Solche

»Freiheit« von der Unsicherheit des Lebens ist aber ein völlig
leerer und damit gefährlicher, weil leicht manipulierbarer Begriff. Ähnliches gilt von der Vorstellung, daß einem das Leben
geschenkt worden sei: diese Vorstellung erscheine ihm ungeheuerlich, schreibt Canetti 1968. (PM, S. 309) Und doch leben
wir, die wir von der jüdisch-christlichen Tradition geformt
sind, alle mit dieser Vorstellung, auch wenn deren Konsequenzen nicht so wörtlich-konkret von uns erfahren werden wie
von den Befristeten.

Fünfzigs Verhandlungen mit den anderen Befristeten konstituieren die Handlung des Dramas. Seine Versuche, sie zur
Einsicht in die Bedeutung ihrer Riten zu bringen, ihnen ihre
Freiheit als Illusion und ihre Ungleichheit, deren Basis das
starre Besitzverhältnis numerischer Zeit ist, als absolute soziale
Ungerechtigkeit klarzumachen, sind in den meisten Fällen
zur Vergeblichkeit verurteilt. Fünfzigs Unruhe und Ungläubig-
keit, seine Subversion drängen auf Entlarvung des »Natur-
geseztes« Tod: der Tod ist nichts weiter als eine durch die
Vorschriften eines beamteten Priesters geschützte und damit
eine verdeckte Exekution. Solcher Entlarvung stellen sich er-
hebliche Schwierigkeiten entgegen. Der Priester, der Kapselan,
hängt jedem Neugeborenen eine mit einem Tabu belegte Kapsel um, in der das Geburts- und, da die Zahl der Lebensjahre
im Namen enthalten ist, somit auch das Todesdatum zu finden
ist. Er allein darf die Kapsel beim Tode sehen. Da der nahe
Tod – wie in unserer Gesellschaft auch – als Zeichen einer
sozial geschwächten Position gilt, ist das öffentliche Tabu des
Geburtstages sehr willkommen: es wird internalisiert. Sorgfältig kontrollierte »Indiskretionen« über das Quantum Lebens-
erwartung, über das man zu verfügen hat, werden wie Börsen-
gerüchte ausgestreut. Die illusionäre Wahlfreiheit innerhalb
der Befristung beschäftigt die a-soziale Imagination der meisten
Befristeten und stützt damit das Herrschaftssystem. Die wenigen Befristeten, die ihre Isolierung und Ohnmacht schmerzlich
erkennen, sind zutiefst resigniert. Durch die ungleiche Befristung, die willkürliche, geschenkte Zuteilung von Lebenszeit ist
eine Hierarchie entstanden, deren Starrheit nicht mehr durch-
brochen werden kann, und die mit der Zuverlässigkeit einer
Maschine operiert und reagiert. Im rituellen Gesang des Chors
der Ungleichen mit dem Kapselan, der bestätigenden Versiche-
rung der Angstlosigkeit, stellt sich diese Verhärtung aufs deutlichste und unumstößlichste dar. Mit der Todesfurcht sind die
Ungleichen auch der Gleichheit und Verbundenheit im Ange-

sicht des Todes, ihres gefährlichsten Gegners, beraubt. Sie sind schon im Leben so getrennt, wie nur der Tod trennen kann. Konsequenterweise werden sie erst dann für kurze Augenblicke zur Masse von Gleichen, Verbundenen, als sie Fünfzig bedrängen, von seiner Häresie, seinem Zweifel an der Naturgesetzlichkeit des Todes abzulassen.

Fünfzigs einzige Waffe ist seine menschliche Logik; er verhandelt mit dem Kapselan als Vertreter einer höheren Macht – und zwar verhandelt er wirklich. Seine Rettung liegt in dem Nachweis, daß der Tabu-geschützte »Augenblick« des Todes nicht von einem (religiös verankerten) »Naturgesetz« bestimmt wird, sondern von den Bedürfnissen eines höchst weltlichen Herrschaftssystems. Sein Vorgehen läßt sich dabei von sozial-psychologischen Einsichten leiten: Widerruf, Reue, Gnade erkennt er als herrschaftsfunktionale Verhaltensweisen und setzt sie strategisch ein. Das eigentlich Revolutionäre seines Aktes liegt in der säkularen Konsequenz seines Denkens. Und wie alle revolutionären Akte ist auch der Fünfzigs keineswegs unproblematisch in seinen sozialen Folgen. In einer Aufzeichnung, die Fünfzig mit Galileo Galilei vergleicht (1960; PM, S. 242), weist Canetti eigens darauf hin.

Fünfzig hat sich von »seinem« Tod, der ihm in seinem Namen zuerteilt war, befreit; irgendwann wird er sterben, aber zunächst hat er durch seinen Widerstand menschliche Zeit gewonnen. Das soziale Problem des Todes, wie der Revolte gegen ihn, besteht in der Tatsache, daß mit dieser neuen Freiheit nur wenige leben können. Die Befristeten sind wie alle Menschen durch ihre Gesellschaft bestimmt; in ihrem Fall: sie sind so isoliert, daß sie die Entwicklung der in ihnen angelegten Möglichkeiten nicht mehr von der Wechselbeziehung auf das Potential des anderen abhängig sehen. Der Tod, schreibt Canetti 1951 während der Arbeit an den *Befristeten,* »wäre nicht so ungerecht, wenn er nicht *zum voraus* verhängt wäre. Es bleibt für jeden von uns, auch den schlechtesten, die Entschuldigung, daß nichts, was einer tut, der Schlechtigkeit dieses vorausverhängten Urteils nahekommt. Wir müssen böse sein, weil wir wissen, daß wir sterben werden. Wir wären noch böser, wenn wir von Anfang an wüßten, wann.« (PM, S. 166) Die Angst und die Verzweiflung der Befristeten sind unter einer dichten Schicht von Resignation gedämpft. Ihre Bosheit äußert sich in der unmenschlichen Gelassenheit, mit der sie die Todes-Determiniertheit des anderen als eine Art von Natur-Gesetzlichkeit hinnehmen.

In Fünfzigs Unterhaltung mit der jungen Frau, die gerade ihr Kind Sieben begraben hat, enthüllt sich die Mutterliebe als Liebe zu einem Objekt, das auf Zeit zugeteilt war. Gegen Fünfzigs Entwurf der Möglichkeit, etwas gegen den »Augenblick«, den vonvornherein festgelegten Zeitpunkt des Todes, zu tun, dem Kind mehr Zeit zu verschaffen, wehrt sich die Frau mit dem Hinweis auf die von ihr genau befolgte vorgeschriebene offizielle Mutterliebe. Jenseits seines »Augenblicks« würde das Kind ihr vorkommen wie ein gestohlenes Objekt, eine Art von magischem Zeugen ihrer Schuld einer Gesellschaft gegenüber, in der das Nicht-Hinnehmen des Todes als schlimmste Häresie verfolgt wird. Trauer liegt nicht im Bereich der emotionalen Möglichkeiten der Befristeten; das Un-Natürlichste ist zum Naturgesetz erhoben; der Prozeß der Ideologisierung vollendet. Aus diesem Grunde ist es auch nicht der Kapselan, ein bloßes Instrument, der Fünfzig vor allem Widerstand leistet, sondern sein bester, verständnisvollster und zugleich unbelehrbarer Dialog-Partner Freund; dieser hat das letzte Wort.

Freund hat zwar – und dies allein war bereits subversives Verhalten – nie aufgehört, seine geliebte Schwester Zwölf zu betrauern und ist deshalb Fünfzigs Argumenten zunächst gefolgt; nicht aber dessen Handlungen, der konsequenten Infragestellung und dem wirklichen Bruch des Tabus. Nach Fünfzigs prekärem Sieg beschwört er ihn, sich nun zufrieden zu geben, nicht weiter gegen die Naturgesetze anzurennen. Fünfzig jedoch, von Natur ein Kulturwesen, kann nur innerhalb der sozialen Dimension denken: er *muß* den anderen in das Ergebnis seiner Revolte einbeziehen, und das betrifft dessen Leben so gut wie dessen Tod. Die Voraussetzung dafür nämlich, daß nicht mehr mit solcher Selbstverständlichkeit und ›Naturgesetzlichkeit‹ gestorben wird, ist, wie Fünfzig sehr wohl weiß, daß jeder dem anderen das Recht auf sein eigenes Leben – statt auf seinen eigenen Tod – einräumt. Und genau dazu ist Freund unfähig. Er macht sich nach Fünfzigs Aufdeckung des Betrugs mit dem »Augenblick« auf die Suche nach Zwölf, die ja vielleicht nun doch noch am Leben sein könnte, inzwischen eine junge erwachsene Frau. Fünfzig beschwört ihn, der Schwester ihr eigenes Leben zu lassen, sie nicht besitzen zu wollen, wie er sie in der Trauer über ihren Tod besessen hatte. Freund stellt dagegen seine unbeirrbare Entschlossenheit, sie zu suchen und zu finden – die letzten Worte des Dramas. Seine Unfähigkeit, Fünfzig zu verstehen, ist ein Kommentar auf die Schwierigkeiten, den Begriff ›sozial‹ wirklich ernst zu nehmen, ein deutlicher Verweis auf die Notwendigkeit, soziale Klischees und Abstraktionen durch Wörtlichkeit immer wieder, immer von neuem ihrer konkreten Grausamkeit, ihrer Verzerrung sozialer Bedürfnisse zu überführen.

4. Darstellungen der Macht

Die Texte von Kraus und Kafka sind für Canetti die wichtigsten Vorbilder eines in der genauen Beschreibung wirksamen Kampfes gegen die Macht. Macht als Instanz sozialer Beziehungen stellt sich besonders deutlich dar in intensiven intimen Beziehungen. Die Analysen von Kafkas Briefen an Felice Bauer (1968) und Kraus' Briefen an Sidonie von Nádhérny (1974) sind deshalb keineswegs als Nebenarbeiten Canettis zu betrachten.

4.1. Der andere Prozeß

»Für das Entsetzen des Lebens, dessen sich die meisten zum Glück nur manchmal, einige wenige aber, von inneren Mächten als Zeugen eingesetzt, immer bewußt sind, gibt es nur einen Trost: seine Einbeziehung in das Entsetzen vorangegangener Zeugen.« (GW, S. 72) Diese Feststellung zu Beginn des langen Essays über Kafkas Briefe an Felice ist als Erklärung zu Canettis Verfahrensweise zu lesen: in seiner Analyse der Briefe beläßt er die 1912 bis 1917 zwischen Kafka und Felice entstandene Welt so unangetastet wie entsetzlich, als ob sie aus einem archaischen Dokument wieder auferstanden wäre, mit der ganzen Überzeugungskraft einfürallemal festgelegter Machtverhältnisse. Zugleich erscheint diese Welt lebendig und verwundbar, für den Betrachter zugänglich, der sich mit unerwarteten Fragen konfrontiert sieht, die ihm das Werk Kafkas näherbringen.

Kafka nimmt in der Erfahrung Canettis einen ganz besonderen Platz ein. In einer langen Aufzeichnung aus dem Jahre 1947 versucht Canetti, sich Rechenschaft über diese Erfahrung zu geben: Kafka gehe jede Eitelkeit des Dichters ab, er sehe sich klein; solang man mit ihm sei, spüre man die Unsicherheit des Bodens; eine »merkwürdige Verstocktheit, seine größte Gabe«, erlaube es ihm, das »Ketten-Getriebe der Gebote«, die von Vätern zu Söhnen immer weiter heruntergereicht werden, zu unterbrechen; er entziehe sich der Gewalttätigkeit, aber ihr Gehalt beschäftige ihn umsomehr: die Gebote »werden ihm zu *Bedenken*«. Er sei der einzige unter allen Dichtern, den Macht in keiner Weise angesteckt habe; er habe Gott der letzten Reste von Väterlichkeit entkleidet:

»Was übrig bleibt ist ein dichtes und unzerstörbares Netz von
Bedenken, die dem Leben selber gelten, und nicht den Ansprüchen
seines Erzeugers. Die anderen Dichter imitieren Gott und gebärden
sich als Schöpfer. Kafka, der nie ein Gott sein will, ist auch nie ein
Kind. Was manche an ihm erschreckend finden und was auch mich
beunruhigt, ist seine konstante Erwachsenheit. Er denkt, ohne zu
gebieten, aber auch ohne zu spielen.« (PM, S. 129)

»Es gibt nichts in der neueren Literatur, das einen so be-
scheiden macht«, heißt es in dieser Aufzeichnung. Bescheiden-
heit vor der Leistung Kafkas, die darin besteht, die Schwierigkeiten unserer sozialen Existenz so ernst genommen zu haben
wie nur sehr wenige Schriftsteller neben, nach ihm.

Die Briefe Kafkas an Felice habe er mit einer Ergriffenheit gelesen, schreibt Canetti einleitend, wie er sie seit Jahren
bei keinem literarischen Werk erlebt hätte. (GW, S. 72) Das
Resultat dieser Ergriffenheit ist ein Umgang mit den Texten
dieser Briefe, wie es schon an Canettis Umgang mit Mythen
zu beobachten war: eine ordnende, klärende Paraphrasierung,
die den Leser in Inhalt und Fluß der gelebten Zeit mit einbezieht und ihm gleichzeitig deren Sinn für die Beteiligten, deren
Bedeutung für den Beobachter deutlicher erkennen hilft.

Der Essay bietet keine literarische oder psycho-biographische
Analyse im gewohnten Sinn; er ist vielmehr das schwer zu
definierende Resultat jener Canetti eigentümlichen, sehr persönlichen Objektivität, die sowohl die Substanz der Geschichte
seiner Jugend als auch die von *Masse und Macht* ausmacht: die
Beziehung der eigenen Erfahrung auf den Text, des Textes auf
die eigene Erfahrung. So nimmt der Leser durch das ›Nach-
erzählen‹ der wichtigsten Briefe an der Genauigkeit von
Kafkas Beobachtungen teil und an der psychischen Notwendigkeit, dem Bedürfnis, der Basis dieser Genauigkeit. Es ist dies
Kafkas spezifische Offenheit für den anderen, sein Bedürfnis,
sich am anderen zu verwandeln, zu nähren. In der Korrespondenz stellt er einen Austausch her zwischen Felices großer
und (so sieht er es) unzerstörbarer Lebenskraft und seiner eigenen Schwäche und Verwundbarkeit. Die Zeit der beginnenden
Korrespondenz, der Herbst und Winter 1912, war für Kafka
eine schriftstellerisch erstaunlich fruchtbare Zeit – innerhalb
weniger Monate entstanden das *Urteil*, sechs Kapitel von
Amerika, die *Verwandlung*. Indem er diesen ›großen‹, von
ihm rückhaltlos bewunderten Dichter in wichtigen Aspekten
der Problematik seiner sozialen Existenz als Schreiber ernst
nimmt, schafft Canetti die Basis für sein Verständnis Kafkas.

Auffallend unvoreingenommen betrachtet er die psychischen und physischen Bedürfnisse, wie sie Kafka selbst an sich beobachtet und reflektiert, deren Beziehung auf das Schreiben, das im Zentrum von Kafkas wie auch Canettis Interesse steht.

Kafkas Wunsch, Felice möge etwas von ihm erwarten, ist ein wichtiges Element dieser wie jeder Liebesbeziehung: Selbst-Bereicherung durch Hingabe an den anderen, Identitätsfindung durch Verwandlung. Bei Kafka ist dieser Wunsch jedoch mit auffallender Ausschließlichkeit auf sein Schreiben konzentriert, hinter dem er als Person ganz zurücktritt. Seine Eifersucht richtet sich, wie Canetti herausarbeitet, ganz auf Felices Neigung zu den Texten anderer Schriftsteller. Kafkas Bedürfnisse gehen völlig im Schreiben auf; seine unbürgerliche, mehr noch, asoziale Verfügung über die Zeit (er schreibt nur nachts), seine dem Schreiben entsprungene Magerkeit, die er ausdrücklich als unbürgerlich und asozial empfindet und für die er sich verantwortlich fühlt, bietet er Felice an – eine mehr als zweifelhafte Motivierung ihrer prekären Liebe zu ihm, dem Schreibenden. Im Zentrum seiner Existenz steht das Schreiben und deutet so auf den Grund dessen, was ihm fehlt: die Nähe des Vertrauens; die Wärme, sich in sozialen Beziehungen frei und heimisch zu fühlen; das Bewußtsein eines sich in seiner Umwelt mit einiger Verläßlichkeit orientierenden Körpers. Felice soll an den ebenso genauen wie mißtrauischen Beobachtungen seines Körpers so weitgehend wie möglich teil haben.

Nach dem Januar 1913, als die Arbeit am Roman ernsthaft stockt, übernehmen die brieflichen Klagen über die Unfähigkeit zur Arbeit die Funktion des Zusammenhalts, die das Schreiben für ihn gehabt hatte. Es gibt für Canetti »keinen vergleichbaren Bericht eines Zaudernden, keine Selbstentblößung von solcher Treue«. (GW, S. 92) Den Grund für das Stocken sieht er in der Erkenntnis Kafkas, daß Felice als Leserin nicht die treue Nährerin ist, zu der er sie stilisiert hatte – eine für einige Monate außerordentlich wirksame, für ihn sehr wichtige Fiktion. Canetti gibt diese Beobachtung an den Leser weiter; er bleibt innerhalb von Kafkas Fixierung auf Felice, übernimmt von Kafka die Ansprüche, die dieser an sie stellt. Am 14. Januar 1913 schreibt Kafka, geängstigt vom Stocken des Schreibens, beunruhigt von der Erkenntnis, in Felice nicht die ideal erfundene Leserin zu besitzen, ihr Worte über das Schreiben, die Canetti ausführlich zitiert. Kafka bezieht sich darin auf Felices Vorstellung, sie wolle bei ihm sitzen, wenn er schreibt:

»... denke nur, da könnte ich nicht schreiben ... Schreiben heißt
ja sich öffnen bis zum Übermaß ... Deshalb kann man nicht allein
genug sein, wenn man schreibt, deshalb kann es nicht still genug
um einen sein, wenn man schreibt, die Nacht ist noch zu wenig
Nacht ... Oft dachte ich schon, daß es die beste Lebensweise für
mich wäre, mit Schreibzeug und einer Lampe im innersten Raume
eines ausgedehnten, abgesperrten Kellers zu sein. Das Essen brächte
man mir, stellte es immer weit von meinem Raum entfernt hinter
der äußersten Tür des Kellers nieder. Der Weg um das Essen, im
Schlafrock, durch alle Kellergewölbe hindurch wäre mein einziger
Spaziergang. Dann kehrte ich zu meinem Tisch zurück, würde langsam und mit Bedacht essen und wieder gleich zu schreiben anfan-
gen. Was ich dann schreiben würde! Aus welchen Tiefen ich es
hervorreißen würde!« (GW, S. 98)

Man müsse, meint Canetti dazu, diesen »herrlichen Brief«
ganz lesen, denn es sei nie etwas über das Schreiben gesagt
worden, das »reiner und strenger wäre. Alle Elfenbeintürme
der Welt stürzen ein angesichts dieses Kellerbewohners, und
das mißbrauchte, entleerte Wort von der ›Einsamkeit‹ des
Dichters hat plötzlich wieder Gewicht und Bedeutung.« (GW,
S. 98) Sicherlich ist diese Brief-Passage für das Verständnis
von Kafkas Werk außerordentlich wichtig, gerade auch, weil
sie auf dessen problematische Aspekte verweist. Aber hier
wünschte man sich nun mehr als das sonst so erfolgreiche Verfahren Canettis, Kafkas Selbst-Verständnis so deutlich wie
möglich wiederzugeben und damit auszumessen, das heißt also,
Kafkas Perspektive beizubehalten. Denn zu der Lust und
Seligkeit des ohne Stocken schreibenden Kellerbewohners gehört die Leserin, die hinter der Tür wartet, die vielleicht auch
das Essen bringt. Kafka erscheint in Canettis Darstellung, zur
Deutlichkeit konkretisiert, als einer der schärfsten Beobachter
sozialer Machtverhältnisse, als ein Zeuge der Ohnmacht, der
den Sieg in seiner Gefährlichkeit erkennt und unter Tabu
stellt. Die ebenso reale Macht, die Kafka fünf Jahre, das
ganze lange auch für sie qualvolle Verhältnis hindurch, über
Felice ausgeübt hat – und dies nicht nur in isolierten Fällen,
wo er sie zu bestimmten Dingen, z. B. zur Arbeit im jüdischen
Volksheim drängt, weil *ihm* das wichtig ist –, bleibt merkwürdig uninteressant für Canetti. Sein sonst so auffälliger
Takt, das Verständnis, die Offenheit für den anderen haben
ihn hier, Kafkas »liebster Geschäftsfrau« gegenüber, verlassen.
Auch für eine vielleicht nicht sehr komplizierte, kompakt bürgerliche Natur wie Felice bedeutete dieses Verhältnis Leiden;
gerade eine derartig stark von den familialen Verhaltensregeln

abhängige, unverheiratete bürgerliche junge Frau wie sie mußte sich von Grund auf erschüttert fühlen. Die Tatsache, daß sie an solcher Erschütterung nicht wachsen konnte, daß ihre Lebensgeschichte, ihre Lernprozesse anderen Gesetzmäßigkeiten unterworfen waren als die des sich außerhalb solcher Regeln haltenden schreibenden Mannes, berechtigt den um sozialpsychologische Einsichten bemühten Darsteller dieses Macht-Verhältnisses (s. Nr. IV, 24, S. 1136) nicht dazu, die Frau als leere Schablone beiseite zu schieben – so erscheint sie übrigens auf dem Buchumschlag der ersten Hanser-Ausgabe des Aufsatzes. Darin äußert sich ein Mangel Canettis, der, wenn auch auf jeweils andere Weise, ebenfalls in den *Stimmen von Marrakesch,* in einigen der Aufzeichnungen (PM, S. 98), vor allem aber in der Analyse von Kraus' Briefen an Sidonie von Nádhérny zu bemerken ist. Wahrscheinlich zwingt ihn sein spezifisches Verhältnis der Identifizierung, das ihn Kraus und Kafka verbindet und das ihn für ihre Existenz, für ihr Selbstverständnis so scharfsichtig macht, dazu, auch ihre Perspektive beizubehalten, ihre besondere Selbst-Projektion zu teilen.

Die Leistung des Kafka-Aufsatzes besteht in der sich wie von selbst, wie natürlich ergebenden Klärung und Zusammenfassung dieser Masse von Briefen, die sich erst in solcher Zusammensicht dem Verständnis erschließen. Der Ordnende kommt ohne die sich fast aufdrängenden psychoanalytischen Begriffe aus: alles, was zum ›tieferen‹ Verständnis führt, ist aufs reichste an der Oberfläche enthalten. Vom Somatischen fasziniert, ist Kafka ein ebenso konkreter wie präziser Selbst-Beschreiber, eine Tatsache, die Canetti immer wieder hervorhebt und damit verstehbar macht. Er verweist z. B. auf Kafkas Beschreibungen kontraktiver und expansiver Lustempfindungen. Zu ersteren gehört das Schreiben, aber auch das Wohlbehagen des außenstehenden Beobachters an der apperzeptiven, sinnlichen Lust der anderen (Eßgeräusche z. B.), zu letzteren das Vorlesen, das Kafka sehr liebte. Hier zitiert Canetti einen Brief vom 4. Dezember 1912, in dem von dem enormen körperlichen Wohlbehagen die Rede ist, das das laute Vorlesen (z. B. eines Flaubert-Textes) in »vorbereitete und aufmerksame Ohren der Zuhörer«, »Menschen kommandieren oder wenigstens an sein [des Vorlesers] Kommando glauben«, ihm bereitet. (GW, S. 99) Canetti hebt dieses »Kommandieren« vom eigentlichen ›Befehlen‹ ab und bezieht es auf ein spezifisches Bedürfnis Kafkas: »es ist als *Gesetz,* das er verkünden möchte: ein endlich gesichertes Gesetz, und wenn es gar Flaubert ist,

ist es für ihn wie das Gesetz Gottes, und er wäre sein Prophet«. (GW, S. 99) Deutlich ist die Beziehung von Kafkas Werk und Wesen auf Canettis Selbst-Verständnis als Schriftsteller. (s. Nr. IV, 10, S. 46–48)

All die Hindernisse, die Kafka gegen die drohende Unausweichlichkeit einer Ehe errichtet, sind von seiner mythisch-distinkten, physischen Erfahrung der Macht hervorgerufen. Seine Gereiztheit Kindern gegenüber ist, wie Canetti kommentierend an einer Briefstelle zeigt, »ein Neid, der mit Mißbilligung gepaart ist«. »Sie sind das falsche Kleine, das dem Lärm und den peinlichen Einwirkungen der Erwachsenen ausgesetzt ist, das Kleine, das dazu angereizt wird, größer zu werden, und es dann auch werden will, der tiefsten Tendenz seiner Natur entgegengesetzt: kleiner, leiser, leichter werden, bis man verschwindet.« (GW, S. 97) Dann die Größe, dichte Präsenz und Kraft der Familie von Felice, die er im Mai 1913 in Berlin kennenlernt, und im Gegensatz dazu seine Schwäche: riesengroß standen sie alle um ihn herum, der häßlich-klein war, weil Felice seine Stärke nicht vermehrte, nicht zu ihm gehörte, sondern zu der ihm ›feindlichen‹ großen Gruppe der anderen. Die Übersetzung der Macht- und Besitzverhältnisse in physische Kleinheit und Größe tritt deutlich hervor. (GW, S. 102)

Die Selbstanklagen Kafkas, die sich steigern in dem Maße als Felice sie nicht ernst nehmen will, enthalten neben aller Rhetorik, auf die Canetti hinweist, aus einer intimen Selbst-Kenntnis hervorgegangene Aussagen von großer Wichtigkeit für ein Verständnis von Kafkas Werk. Besonders betroffen ist Canetti von der Feststellung Kafkas, daß Angst neben Gleichgültigkeit das Grundgefühl sei, das er gegenüber Menschen habe.

»Daraus würde sich die Einzigartigkeit seines Werkes erklären, in dem die meisten Affekte, von denen die Literatur geschwätzig und chaotisch wimmelt, *fehlen*. Bedenkt man es mit einigem Mut, so ist unsere Welt eine geworden, in der Angst und Gleichgültigkeit vorherrschen. Indem Kafka sie ohne Nachsicht ausgedrückt hat, hat er als erster das Bild *dieser* Welt gegeben.« (GW, S. 106)

In das Bild dieser Welt schließt Kafka sich ein; und Canetti akzeptiert das, jedoch immer in Beziehung auf Kafkas Texte. Er beschreibt Kafkas Kampf um die Verlobung, nun, da Felice sich ihr entgegensetzt, was nach den Ereignissen des vorhergehenden Jahres nur zu verständlich ist: »wie ein Hund« erniedrigt er sich vor ihr; zugleich leidet er an dieser Demütigung.

»Gewiß war es seine eigenartigste Gabe, sich in Kleines zu verwandeln, aber er verwendete diese Begabung, um Demütigungen
zu verringern, und die geglückte Verringerung war es, was ihm daran
Lust machte. In dieser Hinsicht unterscheidet er sich sehr von
Dostojewski, im Gegensatz zu diesem ist er einer der stolzesten
Menschen. Da er von Dostojewski durchtränkt ist und sich oft in
dessen Medium äußert, wird man manchmal verführt, ihn in diesem
Punkt mißzuverstehen. Er sieht sich aber nie als Wurm, ohne sich
dafür zu hassen.« (GW, S. 109)

Kafka erreicht die Verlobung mit Felice durch die Hilfe
ihrer Freundin Grete Bloch; zugleich kann er durch seine eigene
Freundschaft mit Grete Bloch Abstand zu Felice gewinnen und
deshalb die Vorstellung der realisierten Verlobung ertragen.
Die nun konkret drohende Heirat allerdings, das wirklich
intime Zusammenleben mit einem anderen Menschen, wird ihm
zur unerträglichen Vorstellung. Im Juli 1914, nur sechs Wochen
nach der offiziellen Verlobung, kommt es zum Bruch, zum
von Kafka so genannten »Gericht« in Berlin, bei dem Felice
ihn, gestützt durch Beweismaterial aus den Briefen ihrer und
seiner Freundin Grete, offen anklagt. Canetti setzt die Erfahrung dieses »Gerichts« (daher der Titel seines Essays) in
Beziehung zur Niederschrift des *Prozesses*, mit der Kafka im
August beginnt, sich dadurch aus den Verwirrungen lösend:
»Die Verlobung ist zur Verhaftung des ersten Kapitels geworden, das ›Gericht‹ findet sich als Exekution im letzten.«
(GW, S. 115)
Diese Verknüpfung ist originell und interessant dokumentiert, aber sie ist keinesfalls die wichtigste Leistung des Essays,
die vielmehr in der physisch-konkreten, faßbaren, ›begreifba-
ren‹ Darstellung des Wesens und der Texte Kafkas liegt, eine
Darstellung, die Konflikte und Widersprüche so beschreibt,
daß die Texte zugänglicher werden. Canetti hält es nicht für
nötig, die Aufmerksamkeit und Ausführlichkeit, mit der er
die Beziehung Kafkas zu Felice beschreibt, zu rechtfertigen,
aber er begründet sie und gibt damit wiederum einen deutlichen
Verweis auf die Hauptimpulse seines eigenen Werkes:

»Der Mensch, der sich für den Maßstab aller Dinge hält, ist bei-
nahe noch unbekannt, seine Fortschritte in der Kenntnis von sich
sind minimal, jede neue Theorie verdunkelt von ihm mehr als sie
erleuchtet. Nur die unbefangen konkrete Erforschung einzelner
führt allmählich weiter. Da es schon lange so ist und die besten
Geister es immer gewußt haben, ist ein Mensch, der sich in solcher
Vollkommenheit zur Erkenntnis anbietet, ein Glücksfall ohne-
gleichen.« (GW, S. 127)

Besonders erregend an dieser derart vollkommen dokumentierten Existenz ist für Canetti der hier auf eindringliche Weise manifest gewordene »hartnäckige Versuch eines Ohnmächtigen, sich der Macht in jeder Form zu entziehen«. (GW, S. 127) Die Vorbehalte, die diese Auffassung zwiespältig sehen machen, sind bereits geäußert worden (s. S. 90 f.); es ist jedoch für unser Verständnis von Canettis Texten wichtig, sein Insistieren auf diesen Aspekt Kafkas seinerseits hervorzuheben. So wird z. B. auch das ›Religiöse‹, das viele Leser in Kafkas Texten finden und schätzen, von Canetti im Zusammenhang seiner eigenen Sicht psychischer Spannungen interpretiert: vielleicht sei dieses »Religiöse« in einem Text wie *Das Schloß* vorhanden, »aber *nackt* als unstillbare und unbegreifliche Sehnsucht nach Oben«. Nie sei ein entschiedenerer Angriff gegen die Unterwerfung unter das Oben formuliert worden; denn alle Herrschaft erscheine im Schloß als verwerflich. Und schließlich der für Canetti so bezeichnende, für Kafkas Texte so erhellende Satz: »die Ergebenheit der Opfer, denen es gar nicht in den Sinn kommt, eine Möglichkeit anderer Lebensverhältnisse auch nur zu träumen, müßte selbst den zum Empörer machen, den die landläufig abgehaspelten Ideologien, von denen etliche versagt haben, nicht im leisesten berühren.« (GW, S. 130)

Als Hilfe bei seiner umsichtigen Absicherung der Ohnmacht dient Kafka die bei ihm immer wieder zu beobachtende Verlangsamung aller Gegenreaktionen. Canetti spricht von einer »Verstocktheit«, einer Art von Stauung der Abwehrkräfte. Befehlen, z. B. den in seiner Familie sehr reichlich gegebenen, gehorcht Kafka nie sofort; aber er fühlt ihren Stachel so, als hätte er gehorcht. Er verwundet sich daran und stärkt seinen Widerstand an dieser Verwundung. Was Canetti vor allem an Kafka fasziniert, ist dessen sinnliche Empfindlichkeit für die animalische Direktheit der Macht als einer Schuld. Allein das Aufrechtstehen, schreibt Kafka im Zusammenhang von Bemerkungen über einen Traum Felices, ist Schuld des Menschen gegen die Tiere, jedenfalls gegen die schwächeren, kleineren unter ihnen. Die Verwandlung ins Kleine, eine spezifisch chinesische Eigenschaft Kafkas, wie Canetti es sieht – er sei der »einzige seinem Wesen nach chinesische Dichter, den der Westen aufzuweisen hat« (GW, S. 138) –, ist in zweierlei Hinsicht funktional: er kann sich damit der Drohung entziehen, denn er wird zu gering für sie; und er kann sich der Gewaltausübung enthalten. Die Tiere, in die er sich mit Vorliebe verwandelt, sind nicht nur harmlos, sondern deutlich verwundbar (s. den frühen Brief an Brod, GW, S. 135).

In der Darstellung des zweiten Teils ihrer Beziehung – Felice ist nun die Werbende – weist Canetti wiederholt auf Kafkas eigen-süchtigen Mangel an Verantwortlichkeit hin, den er als unabänderlich akzeptiert. Deutlich wird allerdings, was Kafkas merkwürdige Konzentration auf Felices »einfache Natur« (GW, S. 81), d. h. auf die konkrete Substanz ihres Lebens, ihm bedeutet haben muß. Mit der Feststellung: »Jedes Leben ist lächerlich, das man gut genug kennt. Wenn man es noch besser kennt, ist es ernst und furchtbar« leitet Canetti seine Analyse der Briefe aus den Jahren 1916–1917 ein. (GW, S. 145) Diese Zeit ist bestimmt von der plötzlich neu aufflammenden Hoffnung auf ein mögliches Zusammenleben, die sich nährt von der Erfahrung einer Vertrautheit, sich dem andern Öffnen, wie sie Kafka nicht für möglich gehalten hätte. Es ist dies auch die Zeit seiner wachsenden Macht über Felice bis zu deren Brautbesuch in Prag im Juli 1917 und dem scheinbar plötzlichen Rückzug Kafkas in den Blutsturz im August. Kafkas Macht über Felice besteht in seiner Kontrolle ihrer Verwandlung in seinem Sinne: ihr Interesse am jüdischen Volksheim, ihre Entbürgerlichung im Verzicht auf eine standesgemäße Wohnung mit soliden Möbeln, in denen sich für ihn alles Fixierte, Statische, Drückende der (bürgerlichen) Ehe verkörpert. Canetti hebt Kafkas Bemühen hervor, in all seinen Überlegungen und Berechnungen gemeinsamer Unternehmungen, der geplanten gemeinsamen Existenz, die »Freiheit zum Mißlingen« auszusparen.

»Man möchte es die Freiheit des Schwachen nennen, der sein Heil in Niederlagen sucht. In der Verpöntheit der Siege kommt seine wahre Eigenart, seine besondere Beziehung zur Macht zum Ausdruck. Alle Berechnungen entstammen der Ohnmacht und führen wieder auf sie hin.« (GW, S. 149)

Er kennt seine Eigensucht, die sich in seinem Verhältnis zu Felice so deutlich spiegelt; dennoch erträgt er die Vorwürfe nicht, die Felice ihm macht. Er habe selbst Schuldbewußtsein genug und es zerstöre ihn, schreibt er ihr. Canetti definiert diesen Egoismus als Eigensinn und bezieht das soziale Versagen Kafkas auf seine spezifische Art der Welterfahrung, die die nährende Basis bildet für unersetzbare wichtige Texte über die ebenso realen wie unüberwindlichen Schwierigkeiten sozialer Existenz.

Den Brief, den Kafka nach ihrem letzten Besuch an Felice schreibt und in dem er zu erklären versucht, was der Blutsturz für ihn bedeutet, beurteilt Canetti als den »peinlichsten Brief, den es von Kafka gibt«. Peinlich nicht wegen Kafkas Selbst-Entblößung in der Selbst-Anklage, peinlich vielmehr wegen seiner Selbst-Stilisierung:

»... der Mythos der zwei Kämpfer in ihm, es ist ein unwürdiger und falscher Mythos. Das Bild des Kampfes kann die inneren Vorgänge in ihm nicht fassen, es verzerrt sie durch eine Art von Heroisierung seines Blutverlusts so als wäre wirklich blutig gekämpft worden.«

Vor allem erscheint Canetti die Behauptung anstößig, der bessere der beiden Kämpfer gehöre ihr, Felice. Es ist ganz deutlich ein Versuch Kafkas, Felice den Verlust verschmerzbar zu machen, teils inrem er sich selbst herabsetzt, teils indem er die schwache Flamme der Hoffnung am Leben erhält. Canetti entlarvt diesen Versuch als unwahrhaftig und Kafkas nicht würdig. Wie kann, scheint Canetti hier zu fragen, einer, der so gut um die Endgültigkeit, die Trostlosigkeit des Schmerzes weiß, den er selbst zwanghaft zufügt, sich derartig selbst betrügen mit diesem schonenden Rückzug. Hier kann man nun Canetti nicht der Gefühllosigkeit gegenüber der nicht intellektuell organisierten, »einfachen Natur«, der ganz normalen, d. h. von bürgerlichen Normen stark eingezwängten jungen Frau verklagen. Hier urteilt er als der Betrachter des Phänomens ›Kafka‹: einer, der schreibend sich nicht abwenden kann von der furchtbaren, nackten Welt.

4.2. »Der neue Karl Kraus«

In dem früheren Aufsatz »Karl Kraus, Schule des Widerstands« (GW, S. 39 ff.) ging es Canetti darum, die für ihn zentralste aller seiner Erfahrungen, die Wirkung von Karl Kraus zu beschreiben und verstehen: sein Verfallensein an die Hetzmasse, zu der Kraus die von seinen Argumenten fraglos überzeugten Intellektuellen vereinte, seine allmählich gewonnene Distanz zu dieser Masse, und schließlich das Resultat, die aus Bewunderung und Vorbehalten gemischte Haltung diesem »Götzen« seiner Jugend gegenüber. In dem späteren Text nun versucht Canetti darzulegen, wie er in den Briefen von

Kraus an Sidonie Nádhérny den Zugang zu einem volleren Verständnis der Eigenart von Kraus gefunden hat, die ihm bisher in wichtigen Aspekten verschlossen gewesen war. Bis dahin hatte sich ihm diese Eigenart dargestellt in der vorgelebten Einzigartigkeit von Kraus. Canetti zitiert hier Kraus' Glosse: »Die Volkszählung hat ergeben, daß Wien 2 030 834 Einwohner hat. Nämlich 2 030 833 Seelen und mich.« (GW, S. 234) Indem er ihn wörtlich nimmt, verweist er auf das Ungeheuerliche dieses Anspruchs. »Kein tönendes ›Was wir bringen‹, aber ein ehrliches ›*Was wir umbringen*‹« hatte sich schon das erste Fackel-Heft zum Leitmotiv gewählt. Die Einzigartigkeit von Kraus hat ihre Substanz in dieser Position des ›einer gegen alle‹.

Die Quelle seiner Kampfkraft ist ein niemals nachlassendes, alles durchdringendes Mißtrauen: der »Nörgler« in den *Letzten Tagen der Menschheit* zersetzt die Argumente des »Optimisten« einfürallemal; von jetzt an können sie nicht mehr gebraucht werden. So jedenfalls meint der von diesem Mißtrauen betroffene und überzeugte Leser. Canetti hatte solches Mißtrauen an seiner Mutter erlebt, er kam vorbereitet zu Kraus. Zwar erkennt er dessen treibendes Bedürfnis, angreifen, siegen zu müssen. Aber es ist ein Angriff auf das Angreifen, ein Sieg über das Siegen. Es habe »buchstäblich niemand« für die Verbreitung der Gesinnung gegen Sieger so viel beigetragen wie Kraus: »Der Weltkrieg ist vollständig, ohne Trost und Schonung, ohne Verschönerung, und vor allem, was das wichtigste ist, ohne Gewöhnung in die ›*Letzten Tage der Menschheit*‹ eingegangen.« (GW, S. 237)

Hier sieht Canetti die größte Leistung von Kraus, und es bleibt ihm unbegreiflich, wie sie Kraus möglich war: »Wie besteht man volle vier Jahre aus Hunderten und aber Hunderten von Stimmen, die ihre Niedertracht und ihre Verdammnis zugleich akut in sich enthalten, wie erträgt sich ungezähltes Entsetzen?« (GW, S. 239) Kraus blieb ihm der »unbegreiflichste aller Menschen« – während der Zeit, in der er ihm verfallen war, aber auch später, nach der Lösung aus dieser Verfallenheit. Zwar konnte er die Wirkung von Kraus auf sich selbst, auch auf andere, fassen; aber »wer er in sich war und wie er bestand, das blieb mir ein unaufhörliches Rätsel«. (GW, S. 239) Den Schlüssel zu diesem Menschen, der sich ihm nun als der »Neue Karl Kraus« darstellt, findet Canetti in den Briefen von Kraus an Sidonie Nádhérny von Borutin. (Nr. IV, 20) Durchdringend und konkret rekonstruiert er die Welt, die zwischen Kraus und Sidonie Nádhérny entsteht; sie vor allem soll deutlich zu erkennen sein. Er übergeht die Kraus gegenüber erhobenen Vorwürfe eines Adels-Snobismus. Er versucht auch nicht, die tiefe Verehrung kritisch zu kommentieren, die Kraus dieser recht ichbezogenen, konventionellen jungen schönen Frau entgegenbrachte. Er beschreibt ganz ›einfach‹ Kraus' Faszination durch Sidonie Nádhérny, durch den besonders schönen Park des Schlosses Janowitz, beschreibt die Wirkung dieser Ergriffenheit auf Kraus' schriftstellerische Existenz.

Janowitz mit seinen Blumen, Bäumen und Tieren ist für Kraus der hortus conclusus, das Paradies; Sidonie seine Herrin. Von ihr hängt der Zugang ab. Wie bei den Briefen Kafkas an Felice kommentiert Canetti nicht den psychologischen Zwang, den der Briefschreiber ausübt, das Drama, in dem er die Hauptperson ist, sondern er erschließt aus den Dokumenten sein sehr spezifisches Bedürfnis: »Janowitz wird zum festen Glaubenspol seines Daseins. Hier ist alles vollkommen und gut, hier ist nichts verdorben. Hier ist nichts zu durchschauen, alles ist, wie es erscheint, aber erhöht und verklärt. Es gibt in der Welt von Karl Kraus nichts, das gleichgültig wäre. Es gibt das Verächtliche und das Hohe, dazwischen ist nichts.« (GW, S. 242) Es ist offensichtlich, daß Kraus sich Lebensstoff auf »gewalttätige« Art aneignet; nichts entgeht seinem Ohr, seinem Blick. Im Akt des Hörens und Sehens ist die Entscheidung zu Anbetung oder Verdammung bereits enthalten. Da Kraus meist verdammen zu müssen glaubt, wird es, so argumentiert Canetti, zu seinem »Schicksal«, sich nach Anbetung zu sehnen. (GW, S. 242) Ein anscheinend einfacher psychischer Mechanismus. Es war aber nicht so einfach, ihn so klar und zugleich so konfliktreich herauszuschälen, wie das Canetti gelungen ist. Denn die strukturelle Einfachheit des Bedürfnisses wird dauernd durch die Vielfalt und Komplexität der Verwirklichung überspielt, die sich aus dem Widerstand des »Lebensstoffs«, in diesem Fall den Wünschen, Bedürfnissen, Ängsten der – im wörtlichen Sinne – Angebeteten ergibt.

Eindringlich hebt Canetti Kraus' ganz konkrete, psychisch-physische Abhängigkeit von den Briefen Sidonies als Zeichen einer Realität hervor – Briefe, die ihn im Fluß der Tage bestätigen, ihm das Empfinden der Unvollständigkeit vorübergehend immer wieder beruhigen. Merkwürdig auch sein Gefühl, er müsse diese konkreten Zeichen sehen, ehe er sich in Vorlesungen seinen Zuhörern aussetzen kann. Den Kenner dieser Vorlesungen fasziniert besonders dieses Eingeständnis:

»Kraus macht sich öffentlich nie über sich selbst lustig. Nirgends in seinem Werk gibt es einen Satz von ihm gegen sich selbst. Er greift an, erwartet Angriffe gegen sich und schützt sich. Er bemerkt die kleinste Ritze in seiner Rüstung und macht sie dicht. Nichts kann ihm passieren, und es passiert nichts. Schon aus diesem Grund ist es faszinierend, ihn dort zu sehen, wo er schwach ist und sich auch schwach gibt: eben in diesen Briefen.« (GW, S. 245)

Wie in der Analyse der Kafka-Briefe bezieht Canetti diese Dokumente und was aus ihnen an Lebens-Realität zu lernen, zu rekonstruieren ist, auf Kraus' Texte; die Berechtigung seines Verfahrens liegt in der Herstellung dieser Beziehung. Als ihm Janowitz durch den um den Ruf seiner Schwester besorgten Bruder Sidonies im Herbst 1914 verboten, entzogen wird, stockt das durch den Kriegs-Ausbruch bedrohte Schreiben. Im Sommer 1915 plant Sidonie eine standesgemäße Heirat, die ihr die Freiheit geben soll, die sie in einer Ehe mit Kraus nicht gefunden hätte – auch wenn sie den Mut gehabt hätte, sich über die geltenden Standesrücksichten hinwegzusetzen. Sie fühlt sich, zu Recht, von ihm zu sehr bedrängt und eingeengt: denn ebenso maßlos, wie er gegen die verächtliche Welt kämpft, kämpft er auch um die von ihm geliebte Welt, die er, weil er sie liebt, als die seine betrachtet. Als die Ehe nicht zustande kommt und Sidonie zu ihm zurückkehrt, fließt das Schreiben wieder. In drei Tagen und Nächten entsteht das Vorspiel zu den *Letzten Tagen der Menschheit;* den August verbringt er in Janowitz und schreibt dort an dem Drama und der großen Kriegs-*Fackel,* die im Oktober 1915 herauskommt. Wie Canetti aus den Briefen herausarbeitet, benötigt Kraus den Glauben an eine vollkommen gesicherte soziale Existenz, um die verdorbene in seinem Sinne gerecht, d. h. vernichtend angreifen zu können. *Die letzten Tage der Menschheit,* dieses furchtbare, ›prophetische‹ Dokument einer unmenschlichen sozialen Dummheit, der Bestialisierung der Sprache, sind vor allem in Janowitz und der Schweiz geschrieben worden, wohin Kraus, der »Nörgler«, sich immer wieder von Wien, seinem Kampfort aus, zurückzieht. (Akt IV, 2)

Zur Unterstützung solchen Glaubens, den er sich ›um jeden Preis‹ erhalten wollte, nimmt Kraus, dessen Anti-Kriegs-Dokumentation ihre Furchtbarkeit und Überzeugungskraft aus seiner säkularen Konsequenz gewinnt, Zuflucht zu den merkwürdigsten Zeugen und Zeugnissen. So etwa zu den Schriftgutachten des Graphologen Schermann von 1915, die ein heroisch-stilisiertes Bild von dem einzigen, dem Kämpfer Kraus

und seiner Beziehung zu der einzigen, aus allen normalen
Sphären herausgehobenen Sidonie entwerfen, das Kraus ganz
unironisch, einfach gläubig und gestärkt als Stütze in dieser
für ihn sehr schweren Zeit annimmt und von dem er will,
daß auch Sidonie es überaus ernst nimmt. Auch hier fällt von
Canetti kein Wort der Verwunderung, der in den Komplex
solchen ›Aberglaubens‹ eindringenden psychologischen Analyse. Es bleibt bei der Beschreibung des Bedürfnisses, das durch
die von ihm ausgelöste Leistung für den Leser der Briefe
wichtig und ihm deshalb von Canetti zugänglich, verständlich
gemacht werden muß.

4.3. Die Stimmen von Marrakesch

In den Besprechungen der *Stimmen von Marrakesch,* dieses
1967 veröffentlichten Berichts einer 1954 unternommenen Reise, wurde gelegentlich die Nähe zur sprachlichen Direktheit
des Mythos, vor allem aber die spontane Originalität der
Beobachtungen hervorgehoben. (Nr. IV, 16 ü. 17) 1943 notierte
sich Canetti: »Die alten Reiseberichte werden so kostbar sein
wie die größten Werke der Kunst; denn heilig war die *unbe-
kannte* Erde, und sie kann es nie wieder sein.« (PM, S. 33)
Als getreuer Registrator des Gesehenen, Gehörten, Wahrgenommenen gibt Canetti Marrakesch etwas von der Dimension
des Unbekannten zurück. Es sind die Stimmen, die durch den
Titel dieser Aufzeichnungen der Reiseerlebnisse hervorgehoben
werden, obwohl der Reisende die Sprache nicht versteht, in der
das Leben um ihn herum sich abspielt. So wird seine eigene
Sprache, die diese *Stimmen* alle aufgenommen hat, eigentümlich »durchsichtig für das Rätsel der Realität« (Nr. IV, 16,
S. 209), weil das Rätsel als solches belassen wird und weil die
Spontaneität des Berichtenden seine eigene Verwandlung durch
die Erfahrung dieses Rätsels aufs deutlichste vorführt. Allerdings ist es gerade die Bestürzung des Beobachters, die der
Spontaneität die zur Artikulierung notwendige Disziplin entgegensetzt. Die Sprache dieses Reiseberichts, die sich so selbstverständlich ausnimmt, ist durch »Verzögerung« (PM, S. 126)
zu ihrer Klarheit und Eindringlichkeit gelangt. Der Unter-
titel lautet denn auch »Aufzeichnungen nach einer Reise«. Es
handelt sich um den gleichen Prozeß des in sich Aufnehmens
und allmählichen Verarbeitens von Phänomenen, wie er im
Umgang mit Dokumenten fremder, aber sinn- und bedeutungs-

voller sozialer Existenz zu beobachten gewesen war, ob es sich nun um Mythen, Briefe, Tagebücher, Erinnerungen, Reiseberichte handelte. In der Einleitung zu den *Stimmen von Marrakesch* weist Canetti eigens darauf hin, daß diese Aufzeichnungen einer Reise sich »ans Erlebte« halten: »sie suchen es nicht zu verändern und bestehen auf seinem besonderen Sinn. Darum ist es auch richtig, sie in ihrer ursprünglichen Form zu belassen, und man bricht die Niederschrift dort ab, wo ihre Verlockung zu einem neuen Werk dringlich zu werden beginnt.« Die allmähliche Verarbeitung des Erlebten löst die Spontaneität des Erlebnisses nicht auf, sie macht sie aber in größerem Maße für den Leser zugänglich.

Der erste Satz der ersten Aufzeichnung – geschildert wird eine »Begegnung mit Kamelen« – verweist auf das wichtigste Element der Erfahrungen, die der Reisende in Marrakesch macht: »Dreimal kam ich mit Kamelen in Berührung und es endete jedesmal auf tragische Weise.« ›Tragisch‹ ist nicht leichthin gesetzt. Machtbeziehungen sind in dieser Gesellschaft deutlicher zu beobachten. Vor allem zeigt sich die Ohnmacht der Tiere, die in der weniger technisierten Gesellschaft eine viel wichtigere Rolle spielen, sehr viel öffentlicher; sie wird damit aber auch zum eindringlichen Bild der Ohnmacht des Menschen. Der Reisende verzeichnet, was er sieht und hört und, sehr sparsam allerdings, seine eigenen Reaktionen darauf. Er notiert die Lust, oder doch immer die Faszination der Wahrnehmung. Ein Kamel, das auf recht grausame Weise für den Gang zum Schlachten vorbereitet wird, muß er fast zwanghaft noch einmal sehen, obwohl ihn dies beunruhigt: »Ich fand es bald. Der Schlächter hatte es stehen gelassen. Es kniete wieder. Es zuckte noch manchmal mit dem Kopf. Das Blut aus den Nüstern hatte sich weiter ausgebreitet. Ich fühlte etwas wie Dankbarkeit für die wenigen trügerischen Augenblicke, in denen man es allein ließ. Aber ich konnte nicht lange hinsehen, weil ich sein Schicksal kannte und schlich mich davon.« (*Stimmen*, S. 15) In den Zusammenhang der Darstellung des Leidens der Kamele eingefügt sind kurze Erzählungen, die bei der Kamel-Karawane oder auf dem Kamel-Markt beschäftigte Männer dem Beobachtenden und Fragenden von ihrem Leben gaben. Meist war das Erlebnis des ersten oder zweiten Weltkriegs der Brennpunkt ihres fragmentarischen und zusammengedrängten Selbstverständnisses und in den wörtlich wiedergegebenen Mitteilungen ist das Ressentiment der Kolonisierten gegen die Macht der Fremden, die auch Canetti einschließt, dunkel, ungeordnet, jedenfalls aber stark anwesend. Im Verhältnis zu den Tieren jedoch verfügen sie selbst über Macht und üben sie auch aus, fraglos und absolut. Ihr Recht dazu wird von Canetti nicht befragt. Aber die Sichtbarkeit und Deutlichkeit der den Tieren auferlegten Ohnmacht macht sie entsetzlich; man kann sie als sozial destruktive Triebkraft der in ihren Handlungen aufgezeichneten Menschen erkennen.

Ganz anders gestaltet sich das Verhältnis der Menschen zu den Dingen; der Besucher des Bazars hebt das »Gildengefühl« der vom Menschen gefertigten Gegenstände hervor, ihre »Würde«, die ihnen hier noch belassen ist. (*Stimmen*, S. 17) Er ist fasziniert von der Intimität des Händlers mit seinen Waren, die durch das Handeln nicht verletzt, sondern im Gegenteil geschützt wird: nur er kennt wirklich den Wert des Gegenstands – den Wert des Materials, der in die Herstellung eingegangenen Arbeitszeit, der Qualität der Arbeit. Das verleiht der Prozedur des Handelns etwas »Feurig-Mysteriöses«. (*Stimmen*, S. 19) Denn Preise werden hier noch konkret als die flexiblen Symbole komplexer sozialer Beziehungen verstanden: es gibt eine große Anzahl von verschiedenen Preisen für verschiedene Käufer, abhängig z. B. von der Zeit, die ein Käufer schon in der Stadt verbracht hat, von der Art, wie er sich dem Händler gegenüber verhält etc.

Wichtig ist, daß der Beobachtende und Aufzeichnende die Sprache nicht versteht, in die die wahrgenommenen sozialen Handlungen sich symbolisch umgesetzt haben. Das verzögert die eigenen sprachlichen Prozesse beim Aufzeichnen, aber es erhält dem Wahrnehmbaren eine spezifische Dringlichkeit:

»Ich versuche, etwas zu berichten, und sobald ich verstumme, merke ich, daß ich noch gar nichts gesagt habe. Eine wunderbar leuchtende, schwerflüssige Substanz bleibt in mir zurück und spottet der Worte. Ist es die Sprache, die ich dort nicht verstand, und die sich nun allmählich in mir übersetzen muß? Da waren Ereignisse, Bilder, Laute, deren Sinn erst in einem *entsteht;* die durch Worte weder aufgenommen noch beschnitten wurden; die jenseits von Worten, tiefer und mehrdeutiger sind als diese.

Ich träume von einem Mann, der die Sprachen der Erde verlernt, bis er in keinem Lande mehr versteht was gesagt wird.« (*Stimmen*, S. 21 f.)

Das sagt ein Mann, der viele Sprachen spricht, in vielen Ländern versteht, was gesprochen wird; es sollte daher nicht als ein Ausweichen auf Erfahrungsgebiete außerhalb, jenseits der Sprache mißverstanden werden, eher als Faszination einer neuen Sprache, neuer (symbolischer) Formen sozialer Existenz: »Man schaut, man hört, man ist über das Furchtbarste begeistert, weil es neu ist. Gute Reisende sind herzlos.« (*Stimmen*, S. 22) Solche ›Herzlosigkeit‹ ist wirksam in dem sinnlich genauen Verzeichnen dessen, was von dem Fremden wahrgenommen werden kann – z.B. die Allahrufe der Blinden, diese »akustischen Arabesken um Gott«, in denen Canetti einen »schrecklichen«, ihn beeindruckenden »Trotz« sieht: »Gott kam mir wie eine Mauer vor, die sie an immer derselben Stelle berennen.« Die blinden Bettler sieht er als die »Heiligen der Wiederholung. Aus Ihrem Leben ist das Meiste ausgemerzt, was sich für uns der Wiederholung noch entzieht.« (*Stimmen*, S. 25) Vielfalt und Intensität der Lebensformen – »das leidenschaftliche Leben der Bettler«, heißt es an anderer Stelle (*Stimmen*, S. 52) –, das Gefühl des Körpers, des eigenen im Gedränge der anderen, als konkretes soziales Medium, sind die wichtigsten Erfahrungen für den Beobachter. Bestimmte Momente enthalten sie verdichtet. Bei der Wiedergabe, Wiederherstellung dieser erlebten dichten Präsenz wird Canettis Sprache besonders einfach: als sollte jedem Leser, gleichgültig welche Erfahrungen er selbst gemacht haben mag, dieser besondere Moment aufscheinen. Ein Beispiel mag für viele stehen: ein Platz im Inneren der Mellah, des Judenviertels, voll vom Gedränge auf die verschiedenste Weise tätiger Menschen, ein Bettler kauft sich mit einer gerade empfangenen Münze einen Krapfen und ißt ihn mit Genuß:

> »Sein Appetit breitete sich wie eine Wolke von Behagen über den Platz. Niemand achtete auf ihn, doch jeder zog den Duft seines Behagens mit ein und er schien mir für das Leben und Wohlergehen des Platzes sehr wichtig, sein essendes Denkmal.
> Aber ich glaube nicht, daß er allein es war, dem ich die glückliche Verzauberung auf diesem Platz verdankte. Mir war zumute, als wäre ich nun wirklich woanders, am Ziel meiner Reise angelangt. Ich mochte nicht mehr weg von hier, vor Hunderten von Jahren war ich hier gewesen, aber ich hatte es vergessen und nun kam mir alles wieder. Ich fand jene Dichte und Wärme des Lebens ausgestellt, die ich in mir selber fühle. Ich *war* dieser Platz, als ich dort stand. Ich glaube, ich bin immer dieser Platz.« (*Stimmen*, S. 45)

Was Canetti hier schildert, ist nicht der mystische Moment einer Selbst-Versunkenheit oder Selbst-Ausdehnung, sondern die intensive soziale Erfahrung der vielstimmigen Komplexität des Selbst, seiner dichten bewegten Konsistenz, des eigenen Selbst als dem Treffpunkt der anderen. Die Dichte und Wärme des Lebens, die für die isolierten Einzelnen, Ungleichen der modernen Massengesellschaften anscheinend nur noch im Erlebnis der eruptiv nivellierenden Masse zu finden ist – hier in der Mellah erfährt sie der Fremde als soziale Stärkung der Individualität. In diese Dichte und Wärme werden alle lebenden Wesen einbezogen: der reiche jüdische Händler, dessen Würde der Fremde bewundert; die irre Frau am Fenster, die ihm die zärtlichsten Worte in der ihm unverständlichen Sprache sagt; die Bettler in den verschiedensten Variationen der Normalität, die ihm Bedrohung wie Glück des Lebens dokumentieren; der armseligste, hungrigste aller Esel in Marrakesch, der doch genügend Kraft zur Lust hat; das kleine braune Bündel Mensch, armlos, beinlos, aber lebendig in seiner Stimme, den Lauten ä-ä-ä-, die alle anderen Laute überleben und den Betrachter, den säkularen Reisenden in der Provinz des Menschen, mit einem »würgenden Gefühl von Ohnmacht und Stolz« erfüllen. (*Stimmen*, S. 106)

Macht und Ohnmacht und zugleich die Überlebens-List, das Überlebens-Glück der Ohnmächtigen: die Bettelkinder um das Restaurant herum, diesen märchenhaften Platz, »der ihnen verboten war und wo man so viel aß« (*Stimmen*, S. 86), entzücken den Fremden mit ihrer Beweglichkeit, Verwandlungsfähigkeit. Die Verachtung des Wirtes, der in ihnen nur eine Bedrohung der Behaglichkeit seiner Gäste sieht, läßt Canetti den Wunsch äußern, »daß es doch eine Art der Strafe gäbe, wo er auf *ihre* Fürsprache angewiesen wäre« (*Stimmen*, 90) – eine konkrete Umkehrung des bestehenden Machtverhältnisses. In *Masse und Macht* hatte Canetti auf Mythen aufmerksam gemacht, die solche Umkehrungen projizierten. Es ist ein Beispiel seines Verfahrens, andere Möglichkeiten sozialer Konstellationen vorzuführen, ernstzunehmen. Solche Möglichkeiten erscheinen oft schlagend einfach, vielleicht in manchen Fällen zu einfach; als Widerstand gegen das Gegebene aber provozieren sie immer zum Nachdenken. Das Gleiche gilt im ganzen von der Beschreibung selektiver, bestimmter Aspekte eines konkreteren Lebensgefühls, einer sich deutlicher darstellenden sozialen Existenz wie sie Canetti in den Stimmen von Marrakesch fand und in eine dem Leser zugängliche Sprache umsetzte. Gewisse Dinge hat er übersehen, gewisse Fragen nicht gestellt. So zeigt er sich in dem Kapitel »Die Familie Dahan« fasziniert davon, wie das Geheimnis der Individualität sich in der konkreten Hierarchie der Familie auswirkt. Mit seinem Dolmetsch und Informanten bewundert er dessen Bruder und vor allem

dessen Vater, den er, als besondere Begünstigung, kennenler-
nen, eigentlich nur sehen darf. In dieser Situation erscheinen
Menschen, die man bewundert, wie ein kostbarer Besitz, der
die eigene Verhandlungsposition verstärkt – eine sinnvolle,
nützliche Art der Identifizierung. Aber der junge Dolmetsch,
der von der Substanz des Bruders und Vaters zehren muß,
führt dem Fremden, oder doch dem Leser, auch vor Augen, wie
bedürftig er in seinen ebenso dringlichen wie planlosen Versuchen zu überleben des mit Verachtung gemischten Mitleids
ist. Wird die hierarchische Familie seine Ängste beschwichtigen?
Oder ist nicht eben diese Familie verantwortlich für seine
eigene Schattenhaftigkeit? Verweist die junge Frau, die für
Augenblicke die seltsamste, zärtlichste Intimität beschwört, in
ihrer Irrsamkeit hinter Gittern nicht auf die Gefangenschaft,
die Verkürzung der Lebensmöglichkeiten aller Frauen in dieser
Gesellschaft? Der Fremde sieht und hört, was ihm wichtig
scheint. Es sei dies das persönlichste Buch Canettis, meinte ein
Kritiker 1968. (Nr. IV, 17, S. 726) In Wahrheit ist es nicht
persönlicher als die später erschienene Autobiographie *Die Gerettete Zunge*, oder als *Masse und Macht*. Alle Texte Canettis
sind persönlich im Sinne einer ebenso deutlichen wie subjekti-
ven Perspektive, die die zentralen Probleme sozialer Existenz
scharf heraushebt, fragwürdig, beunruhigend, wichtig macht
und damit andere ausblendet. Immer zielt die Perspektive auf
das Beobachtete, nicht auf den Beobachter – es erscheint mir
daher verfehlt, im Falle der *Stimmen von Marrakesch* von
einer »sehr sublimen, erkenntnisscharfen Confession« zu sprechen (Nr. IV, 17, S. 726). Vielmehr ist es Canettis Intention,
sich und seinem Leser andere, neue Möglichkeiten des Menschlichen zu erschließen.

4.4 Der Ohrenzeuge

»Aparte Einfälle und ein Bündel gekonnter Genrebilder
[...] nicht aber ein Buch, das die große Kunst, ›Charaktere‹
einer Epoche in Prosa zu fassen, für die Gegenwart schon
wiedergewönne«, schrieb Eberhard Lämmert in seiner kritischen Besprechung des *Ohrenzeugen*. Viele professionelle Leser
haben sich dieser Sammlung von »Fünfzig Charakteren« gegenüber abwehrend verhalten. Der Beurteilung des Buchs in der
Kritik hat sicherlich die im Klappentext suggerierte Beziehung
auf Theophrasts Charaktertypen geschadet, die allgemein
akzeptiert wurde. »Es sind aber viel eher *Figuren* als Charak-

tere im Theophrastischen Sinn, am ehesten erinnern sie an Gogolsche Figuren« (Brief an Verf., 1. November 1978), schreibt Canetti zum Problem der Rezeption des Textes; und: »Diese Stücke muß man *hören*.« Auf der Hülle der Schallplatte, auf der 16 der Charaktere, von Canetti gesprochen, zu hören sind, stehen einige wichtige Vorbemerkungen zum Begriff des ›Charakters‹.

»Über einen einzelnen Menschen, wie er wirklich ist, ließe sich ein ganzes Buch schreiben. Auch damit wäre er nicht erschöpft und käme man mit ihm nie zu Ende. Geht man aber dem nach, wie man über einen Menschen denkt, wie man ihn heraufbeschwört, wie man ihn im Gedächtnis behält, so kommt man auf ein viel einfacheres Bild: es sind einige wenige Eigenschaften, durch die er auffällt und sich besonders von anderen unterscheidet. Diese Eigenschaften übertreibt man sich auf Kosten der übrigen und sobald man sie einmal beim Namen genannt hat, spielen sie in der Erinnerung eine entscheidende Rolle. Sie sind, was sich einem am tiefsten eingeprägt hat, sie sind der Charakter.«

Es geht Canetti also nicht darum, »›Charaktere‹ einer Epoche in Prosa zu fassen«, nicht um den systematischen Versuch einer zeittypischen Charakter-Beschreibung im Sinne der »Ethischen Charaktere« des Theoprast. Es kommt ihm vielmehr an auf Merkmale, wie sie jeder in sich trägt, wie sie von Generation zu Generation weitergegeben werden. Sie verlieren mit der Zeit ihre Schärfe und deshalb sei es nützlich, meint Canetti, zum bekannten ›Geizhals‹ oder ›Dummkopf‹ neue Charaktere zu erfinden, die noch nicht verbraucht sind und einem die Augen für sie wieder öffnen«. Als wichtig hebt er die Notwendigkeit hervor, der elementaren Neigung Nahrung zu geben, Menschen in ihrer Verschiedenheit zu sehen. Es sei hier daran erinnert, was im Kapitel über die *Blendung* und die frühen Dramen zu Canettis Konzept der Figur und ihrer akustischen Maske gesagt worden ist, über die in diesem Zusammenhang von Canetti bewunderte Erfindungs-Freiheit, den Erfindungs-Reichtum Gogols. Wie von den Figuren der Blendung wimmelt die Welt von Charakteren: »man braucht sie nur zu erfinden, um sie zu sehen« – auch in sich selbst. In zwanzig der fünfzig Charaktere erkannte Canetti sich selbst und er spricht von Beschämung und Erheiterung angesichts der Tatsache dieser reichen Zusammensetzung des Selbst, ja seiner grotesken Möglichkeiten, »wenn ein einziges der Elemente, aus denen man besteht, konsequent auf die Spitze getrieben« würde. Darum also geht es: bestimmte Eigenschaften werden scharf isoliert, auf die Spitze getrieben. Und doch steckt die akustische Maske voller Nuancen, die aber – und hier hat Canetti unbedingt recht, daß diese Figuren *gehört* werden müssen – nur dann voll zur Wirkung kommen, wenn sie zum Sprechen gebracht werden. »Es ist nicht zu glauben, wie unschuldig Menschen sind, wenn sie nicht belauscht werden«, heißt es in »Der Ohrenzeuge«. (*Ohrenzeuge*, S. 50) Nämlich dann, wenn der Ohrenzeuge, eine der Figuren, die Canetti auch in sich selbst findet, seine »Geheimohren« einmal abgelegt hat und auf die »Speicherung von Gehörtem« verzichtet. Wenn sie aber von einem solcherart unbestechlichen Zeugen belauscht werden, dann sind die Menschen alles andere als »unschuldig«, dann stecken sie voll von jenen beschämenden, erheiternden Figuren, die der Ohrenzeuge aufnimmt und wiedergibt:

»Da sind alle diese modernen Apparate überflüssig: sein Ohr ist besser und treuer als jeder Apparat, da wird nichts gelöscht, da wird auch nichts verdrängt, es kann so schlimm sein wie es will, Lügen, Kraftworte, Flüche, Unständigkeiten jeder Art, Schimpfworte aus abgelegenen und wenig bekannten Sprachen, selbst was er nicht versteht, merkt er sich genau und liefert es unverändert aus, wenn es gewünscht wird.« (*Ohrenzeuge*, S. 49)

»Unverändert« – das betrifft die Selbständigkeit jeder Figur, die vollständige akustische Maske, die artikulierte Oberfläche, die nicht durchstoßen werden muß. So stellt sich scheinbar jede Figur aus eigenem Antrieb dar, enthüllt sich vollkommen. Vom Medium des Ohrenzeugen bleibt keine Spur, er ist nicht kritisch, nicht erheitert. Die so entstandene, scharf umrissene (Sprach-)Figur ist der kritischen Aufnahme des Hörers zugänglich – wobei ihm allerdings ein guter Sprecher, gleichsam aus dem Inneren der Figur heraus, ganz wesentlich hilft, die Mechanismen der neurotischen Zwänge und damit die Macht-Spiele des Alltags klarer, reflektierter zu verstehen. Die Figur selbst bleibt von solcher Kritik unberührt, sie denkt gar nicht daran, sich zu ändern. Unbeirrt, so lange wie man sie gewähren läßt, agiert sie gegen die anderen Figuren.

Auch bei der Konstituierung dieser Figuren war Canetti die somatische Dimension sozialen Verhaltens wichtig, die in den symbolischen Regulierungen sozialer Beziehungen wirksam ist, zumeist aber nicht erkannt wird. Beim »Namenlecker« geht es um das im Kulturbetrieb so wichtige Problem der Identifizierung, beim »Unterbreiter« und der »Habundgut« um das Sammeln und Horten (von Unterschriften, von Geld). In allen Fällen wird die vertraute anti-soziale Haltung oder

Handlung durch Beziehung auf ein ganz konkretes Einverleiben oder die Ausdehnung des Körperbewußtseins auf den Gegenstand schärfer und kritischer hervorgehoben. Die Habundgut, die ihr Geld wie eine zahlreiche, sittsame Familie behandelt, es pflegt und nährt, tut keinen Bissen, ohne daß für ihr Geld auch etwas abfällt. Ihre Handlungen sind ebenso eindeutig und abschließend wie deren Motivation; beide existieren simultan in ihrer akustischen Maske:

»Die Habundgut verkehrt nicht mit Nachbarn, sie nützen einem nur die Schwelle ab und schnüffeln herum, kaum stehn sie im Zimmer, fehlt schon etwas. Da kann man lange suchen später, bis sich's wiederfindet. Das will sie nicht sagen, daß jeder ein Dieb ist, das nicht, aber die Sachen fürchten sich vor Fremden und verkriechen sich und wenn sie sich nicht so verstecken würden – wer weiß, ob sie dann nicht gestohlen würden.« (*Ohrenzeuge*, S. 26)

Der Effekt der Simultaneität wird bewirkt durch das bewegliche Verbindungsglied der »erlebten Rede«, die die einheitliche Perspektive ermöglicht, die Illusion der Selbstdarstellung, Selbstenthüllung der Figur, der nichts in den Mund gelegt ist, das nicht ihrem Bewußtseinsstand entspräche und in die gleichzeitig die Gereiztheit, die scharfen sinnlichen Beobachtungen dessen integriert sind, der unter vielen anderen auch die Figur des Ohrenzeugen in sich enthält. Hier wäre an die Figur der Therese zu erinnern, an deren Wurzel in der Rede über den Kartoffelpreis und die Jugend von heute, die Canettis Zimmervermieterin ihm hielt. Es handelt sich um die gleiche Geschlossenheit der Figur, die gleiche Isolierung und mangelnde Einsichtigkeit in die eigenen Motivationen als Resultat der Einsicht Canettis in spezifische soziale Verhaltensformen und deren Bedeutung. Viele der Figuren sind skurril; beim Lesen erscheint ihre Abgeschlossenheit vielfach zugleich abwehrend und zerbröckelnd; hört man sie aber, so konstituiert sich in vielen von ihnen jene provozierende dynamische Befremdlichkeit, die Canetti an den steinernen Figuren seines Bildhauerfreundes Wotruba faszinierte. Bei diesem Vergleich darf natürlich die verschiedene Dimension der Fremdartigkeit bei Canettis und Wotrubas Figuren, der verschiedene Grad der Eindrücklichkeit und Eindringlichkeit nicht übersehen werden. Jedoch kann möglicherweise Canettis Verfahren bei seiner Beschreibung der Skulpturen Wotrubas (Nr. IV, 23), die eine Interpretation der visuellen Gesetzmäßigkeit dieser Figuren leistet, auch Anregungen für ein besseres Verständnis der akustischen Masken liefern, wie sie der Ohrenzeuge aufgenommen hat.

Ein im Jahre 1960 anläßlich der Veröffentlichung von *Masse und Macht* aufgenommenes Rundfunkgespräch Canettis mit dem Soziologen René König und dem Sozialpsychologen Alexander Mitscherlich, von dem Leonhard Reinisch in seinem Aufsatz »Elias Canetti und seine Kritiker« berichtet (Nr. IV, 28), scheiterte kläglich. Die beiden Wissenschaftler arbeiteten mit Begriffsdefinitionen, die Canettis Text unangemessen waren, und sie waren sich dabei der alleinigen Berechtigung ihrer eigenen Begrifflichkeit, ihrer Begriffssysteme auf eine Weise sicher, die uns heute anachronistisch anmutet. Reinisch spricht in diesem Zusammenhang von der »strukturalistischen Quintessenz« der Studie *Masse und Macht,* die er deshalb als »zu früh gekommen« ansieht. Obwohl das problemorientierte Verfahren von *Masse und Macht* nichts mit Strukturalismus zu tun hat, ist das Argument des Antizipatorischen doch zu bedenken. *Masse und Macht,* von einem wenig bekannten Schriftsteller in die heutige sehr viel stärker fluktuierende, sicherlich in vielem idiosynkratische, intensiver von intellektuellen Moden abhängige, aggressiver, aber auch offener, neugieriger geführte Diskussion über Wert und Unwert, Stärken, Schwächen, Möglichkeiten und Aufgaben der Humanwissenschaften hinein veröffentlicht, hätte eine ganz andere Wirkung gehabt. Versucht man, die spezifische Leistung von *Masse und Macht* (und der in den Umkreis dieser Arbeit gehörigen Texte, z. B. »Macht und Überleben«) in ihrem vollen Ausmaß verstehen zu lernen und zu lehren, so muß man sie im Kontext anderer zeitgenössischer kulturkritischer bzw. sozialanthropologischer Entwürfe sehen, die Ähnlichkeiten, Kontraste, Ergänzungen herausarbeiten. Dieser Aufgabe kann sich auch der Literaturhistoriker und -Kritiker nicht entziehen, da die im engeren Sinne literarischen Texte Canettis sich ebenfalls nur von einer sozialpsychologischen Fragestellung her ganz erschließen lassen.

Bei der Herstellung dieses Kontexts sollte man pluralistisch-geistesgeschichtlich verfahren, d. h., sich nicht sogleich unkritisch auf Modelle einlassen. Ich habe das in diesem begrenzten Rahmen mit Texten von Lévi-Strauss versucht, da sich ein solcher kritischer Vergleich bei der zentralen Bedeutung des mythischen Materials für beide Schriftsteller methodologisch geradezu anbot. Lévi-Strauss' eklektische strukturelle Rekonstitutionen sozialer Übereinkommen ebenso wie z. B. Michel Foucaults idiosynkratische, anregende und in vielem fragwürdige

Archäologie der Humanwissenschaften mit ihrer Überinterpretation der Mutationen des Menschen in der Neuzeit (Nr. V, 2 u. 3), wie Gilles Deleuzes' intellektuell-poetische Hypostasierung der Dynamik sexueller Begierde (Nr. III A, 11) sind von Canettis Ansatz grundverschieden. Ihre spezifisch anthropozentrische Überbetonung der von Menschen gesetzten Zeichensysteme, ihre intensive Konzentration auf einen sehr kleinen Ausschnitt sozialer Existenz stimmt aber mit Canettis breiterer, problemorientierter Perspektive doch darin überein, daß auch sie die Bedeutung der traditionellen Historiographie infrage stellen und eine Grenzerweiterung der Disziplinen Anthropologie, Psychologie und Soziologie anstreben. Auf der Basis dieser Gemeinsamkeit wären eingehendere vergleichende Studien wünschenswert.

Bei aller gegenwärtigen Bekanntheit, ja Popularität des Schriftstellers Canetti, der größtenteils und nicht immer fruchtbar positiven Rezeption seiner Texte im letzten Jahrzehnt, haben wichtige Teile seines Werks in Deutschland noch keinesfalls eine genügend breite Wirkung erreicht – vom Ausland ganz zu schweigen. Das hat einmal zu tun mit der zu Eingang des dritten Kapitels erwähnten anti- oder außer-ideologischen Position Canettis, den damit zusammenhängenden Rezeptionsmechanismen, der Tatsache, daß er keiner der einflußreichen kulturphilosophischen Gruppen oder Schulen angehört. Zum anderen hat dies seinen Grund in dem spezifischen, konsequent säkularen, empirischen Ansatz seines Werks, seinem breitgefaßten, offenen Anthropozentrismus, der die menschliche Stammesgeschichte akzeptiert. Der Anthropologe Burridge weist in seiner wichtigen Kritik an Lévi-Strauss' Mythendeutung z. B. darauf hin, daß dessen angreifbar eklektisches Verfahren unter anderem gegründet sei in seinem Zögern, das tierische Erbe des Menschen ernstzunehmen, in seiner Beschränkung auf die angenehmeren, dem Menschen schmeichelhafteren Aspekte der Evolution. Canetti bezieht gerade auch das tierische Erbe der Menschheit unvoreingenommen in seinen Verwandlungsbegriff mit ein (Nr. III A, 10, S. 95)

In der *Summa technologiae* beanstandet der polnische Wissenschaftstheoretiker und Science Fiction Autor Stanisław Lem im Kontext seiner Ausführungen über mögliche Glaubensvorstellungen der Elektronengehirne unsere ebenso vage wie weit verbreitete und wirksame Abhängigkeit von metaphysischen Modellen, die zu einer Art metaphysischer Solidarität führt, das heißt einer Sinn-Suche und Sinn-Gebung, in die nur der Mensch einbezogen wird:

»Für den Biologen, der von den unermeßlichen Qualen weiß, die mit der Geschichte des Lebens auf der Erde verbunden waren, ist ein solcher Standpunkt ebenso lächerlich wie bestürzend. Die Milliarden von Jahren dauernde Geschichte der Arten wird bei der Mythenbildung von unserer Loyalität ausgeschlossen, die statt dessen nur einen winzigen Teilbereich umfassen soll, einige Jahrtausende der Existenz eines bestimmten Zweiges unter den Primaten, und das nur deshalb, weil wir diesen Zweig repräsentieren.« (Nr. V, 4, S. 216)

Das Genre Science Fiction so wie Lem es versteht, ist für ihn deshalb so attraktiv, weil hier andere Welten, andere soziale Verhaltensweisen experimentell entworfen und getestet werden können, wobei solche phantastische Ausdehnung, Erweiterung des sozialen Vorstellungsvermögens kontrolliert sein sollte von präzisen empirischen Erwägungen der Nützlichkeit für ein besseres Verständnis gegenwärtiger sozialer Probleme. Canettis Verfahren ist ganz ähnlich. Allerdings benutzt er nicht wissenschaftlich-technologische und narrative Mittel zur Vermittlung der Entwürfe anderer (sozialer) Welten, sondern zieht die hierfür nötigen Energien aus einer genauen und einfallsreichen Lektüre überlieferter Mythen, die ein weiter ausgreifendes Verständnis der Evolution des Menschen wenigstens noch andeutungsweise dokumentieren. Und wo Lem den von ihm angegriffenen engen Anthropozentrismus auf die Zukunft hin öffnet, verlängert und lockert Canetti ihn in die Vergangenheit zurück, bezieht er die Verwandlungen des Menschen an Tieren mit ein – ein Verfahren, das immer noch häufig als suspekt abgelehnt wird, vor allem wenn es nicht durch das Etikett ›Fiction‹ geschützt ist. Von den Widerständen des Marxisten Ernst Fischer gegen eine angeblich illegitime Durchlässigkeit der Grenzen des Bereichs des Menschlichen für das Tierische in *Masse und Macht* war im dritten Kapitel schon die Rede. Fischers Einwände waren direkt, nicht sehr geschickt und deshalb leicht zu widerlegen. *Masse und Macht* und die anderen hierher gehörigen Texte, auch viele der Aufzeichnungen müßten aber eingehend im Kontext eher impliziter, subtilerer Widerstände dieser Art untersucht und dabei auf anthropologische Studien, die sich direkt gegen solche Vorbehalte wenden (z. B. Weston La Barre, *The Human Animal* und *The Ghost Dance. The Origins of Religion*) bezogen werden.

Weiterhin sollte *Masse und Macht* im Kontext anderer Analysen des, man ist versucht zu sagen, ›unerschöpflichen‹ Problems der Verwandlung untersucht werden. Das könnten einmal sozialpsychologische Probleme der Identifizierung sein, zum anderen sozialanthropologische Studien des Verhältnisses primitiver Kulturen zu unseren gegenwärtigen sozialen Ordnungen (z. B. Stanley Diamonds *Kritik der Zivilisation. Anthropologie und die Wiederentdeckung des Primitiven*), wobei natürlich zu beachten ist, daß diese beiden Bereiche in einem unmittelbaren Zusammenhang stehen. In seiner kritischen Interpretation von Platos *Staat* weist Diamond auf die Überbetonung von Institution und Abstraktion hin, die in der totalitären Antithese zu einer (primitiven) Demokratie resultiert. Die Personifizierung des Staates, die Errichtung einer unpersönlichen Herrschaftsstruktur markiert den Übergang von der Sippenorganisation zur zivilen Organisation und bringt mit sich die Blockierung des Prozesses der Verwandlungen: in Platos *Staat* ist die menschliche Natur nicht vielfältig, sondern ein-fältig; denn wie Platon sagt: ein Mann spielt nur *eine* Rolle, hat nur *eine* Funktion im Staat, in dieser statischen Gesellschaft der Ungleichen. Das tiefe Mißtrauen Platons gegen die Dichter, die Dramatiker, gegen diejenigen also, die viele Rollen erfinden und simultan verwirklichen, kommt daher. Die menschliche Natur wird einfach, rollendeterminiert konzipiert, damit das Herrschaftssystem reibungsloser funktionieren kann. Das Resultat ist Ungleichheit unter den Menschen, aber auch Unterdrückung ihrer tierischen und »göttlichen« Dimension, ihrer vergangenen und zukünftigen Evolutionsprozesse. Platon sieht die Dichter ganz richtig in ihrer für primitive Kulturen so wichtigen Funktion des Spaßmachers, des Tricksters, der an Tieren, Menschen und Göttern teilhat, der sich ständig verwandelt und diese Verwandlungen darstellt. Die Dichter mit ihrer Lust an Verwandlungen sind so gefährlich wie das immer sich wandelnde Leben selbst: im idealen Staat sind sie überflüssig. Die Beziehung zu den modernen Staaten, die Massen von Menschen mehr oder minder erfolgreich verwalten, indem sie Ungleichheit durch Verwandlungsverbot einfürallemal festlegen, stellt sich ohne weiteres her. Davon war bei der Diskussion der Aufzeichnungen, bestimmter Teile von *Masse und Macht*, der *Befristeten* schon die Rede; im einzelnen bleibt hier noch sehr viel zu tun. Sieht man *Masse und Macht* in einem Kontext wie dem hier andeutungsweise skizzierten, so stellt gerade dieses Buch besonders schwierige Anforderungen an den Interpreten, vor allem an den im engeren Sinne literarhistorisch, literarkritisch orientierten. Obwohl ein stärkeres, aktiveres Interesse von sozialpsychologisch argumentierenden Anthropologen diesem Text sehr zu wünschen wäre, ist seine Bedeutung für das Verständnis der im engeren Sinn ›literarischen‹ Schriften Canettis kaum zu überschätzen. Die Wichtigkeit des Begriffs der Verwandlung z. B., des Konzepts der Figur, die solche Verwandlung vorführt oder sie blockiert, des Dichters, dessen tiefste Lust und Verantwortlichkeit sich auf die Möglichkeit und Wirklichkeit der Verwandlung richtet – all dies gilt für die *Gerettete Zunge* so gut wie für die *Blendung*, für den *Ohrenzeugen* so gut wie für die *Stimmen von Marrakesch*, für die Dramen so gut wie für den Kafka-Essay. Verweise und Beziehungen auf andere zeitgenössische kulturkritische, kulturphilosophische Entwürfe wären auch hier notwendig und erwünscht.

Am häufigsten und eingehendsten von allen Werken Canettis ist bis jetzt *Die Blendung* interpretiert worden; aber auch hier ist die Positionsbestimmung dieses Romans innerhalb der literarischen Moderne noch längst nicht ausgelotet. Für die Dramen gilt dies in noch viel höherem Maße. Im Falle der gerade erst veröffentlichten Jugend-Autobiographie sind die Möglichkeiten zur Herstellung (literarischer) Korrespondenzen kontrastierender Vergleiche besonders reizvoll – zum Beispiel mit Jean Paul Sartres *Les Mots* oder Walter Benjamins *Berliner Kindheit um Neunzehnhundert*. Bei Sartre finden wir die zentrale Wichtigkeit des »je n'ai pas de Sur-mois« als Konsequenz des frühen Todes des Vaters, den Komplex der verwandtschaftlichen Beziehungen als festgelegtes System von Zeichen, die das Kind, weil es durch den Tod des Vaters aus der ihm unvermeidbar scheinenden Beschränkung auf seine Sohn-Rolle, aus der Kontrolle durch das Über-Ich magisch erlöst ist, von außen überlegen betrachten und durchspielen kann. Bei Benjamin ist es die erregende und beängstigende atmosphärische Dichte, die, viel realer als andere Menschen, zwischen den Dingen sich von selbst herstellt und das Kind nur als isoliert und passiv aufnehmendes Wesen duldet; ist es die zähe und schmerzliche Einheit der Perspektive des zwischen und in den Dingen sich verlierenden Kindes sowie des Erwachsenen, der immer noch für die ausschließliche Gegenwärtigkeit der Dinge offen bleibt. Diese so verschieden erfahrenen Entwicklungsprozesse des Selbst sind ganz anders als Canettis frühe Erfahrung des Todes des Vaters als einer eigenen, größeren persönlichen Verantwortung für andere, als seine flexible Rolle im beweglichen Komplex der Familie, seine frühe faszinierte Teilhabe an sozi-

alen Handlungen, anders als seine vor allem daraus gespeisten
Erlebnisse von Glück oder Schmerz. In diesen Kindheitsmustern
gründen letzten Endes auch die unterschiedlichen sozialen Vorstellungen, die Forderungen an die Realität und das Potential
sozialer Übereinkommen und Ordnungsversuche, die das Werk
der drei Schriftsteller bestimmt haben.

Canetti arbeitet an der Fortsetzung seiner Autobiographie.
Sie wird wichtigste Informationen über seine Erfahrungen in
Wien und sein Leben in London geben. Wir werden hoffent-
lich bald mehr über die intellektuellen Anregungen wissen,
die der junge Canetti aus Musils Texten erhielt, vor allem
vom ersten Band des Romans *Der Mann ohne Eigenschaften*,
den er während der Arbeit an der *Blendung* las, über die für
den jungen Schriftsteller so außerordentlich wichtige Freundschaft mit Abraham Sonne, dessen positives Urteil über die
Blendung (er verteidigte z. B. den Roman Broch gegenüber,
Gespräch mit Verf. 27. Aug. 1978) Canetti in seinem Selbst-
verständnis als Dichter bestätigte und bestärkte. Für das Verständnis von *Masse und Macht* werden die Erinnerungen an
Menschen und Bücher, mit denen sich Canetti in London
auseinandersetzte, sicher sehr hilfreich sein.

6. LITERATURVERZEICHNIS

6.1. Werk-Ausgaben

6.1.1. Selbständige Veröffentlichungen

Dichtungen

a. Roman
Die Blendung. Roman. Wien, Leipzig, Zürich: Herbert Reichner 1936 [recte 1935, Copyright 1935].
–. München: Willi Weismann 1948, ²1949.
–. München: Hanser ²1963, Sonderausgabe 1974.
–. Frankfurt 1965, ⁶1976 (= Fischer Bücherei 696/697).
–. Berlin: Volk und Welt 1969, ³1978. (Nachwort Annemarie Auer).
–. Wien, Darmstadt, Berlin 1969 (= Lizenzausgabe mehrerer Buchgemeinschaften).

b. Charakterskizzen
Der Ohrenzeuge. Fünfzig Charaktere. München: Hanser 1974.
–. Berlin: Volk und Welt 1976.
–. Berlin 1978. Ullstein (=Ullstein Taschenbuch 3305).

c. Autobiographie
Die gerettete Zunge. Geschichte einer Jugend. München: Hanser 1977.
–. Frankfurt 1979 (Fischer Bücherei 2083).

d. Dramen
Hochzeit. Berlin: S. Fischer 1932. (Als Manuskript gedruckt.)
–. München: Hanser 1964, ²1976.
–. Salzburg: Residenz 1973. (Numerierte und signierte Ausgabe in 200 Exemplaren.)
Komödie der Eitelkeit. München: Weismann 1950.
–. München: Hanser 1964.
Die Befristeten. München: Hanser 1964.
Dramen (Hochzeit; Komödie der Eitelkeit; Die Befristeten). München: Hanser 1964, ²1976.
–. München: Deutscher Taschenbuch Verlag 1971 (= Sonderreihe dtv 102).
–. Frankfurt 1978 (Fischer Bücherei 7027).

Untersuchungen, Essays, Aufzeichnungen

Über die Darstellung des Tertiärbutylcarbinols. Maschinenschr. Diss. (Phil.). Wien 1929.
Fritz Wotruba. Vorwort von Klaus Demus. Wien: Brüder Rosenbaum 1955.

Masse und Macht. Hamburg: Claassen 1960 (Rest dieser Auflage 1967 als Paperback), ²Düsseldorf 1971, ³1973, ⁴1978.

–. München o. J. [1973] (=Reihe Hanser 124 und 125), ²1975.

Aufzeichnungen 1942–1948 (und Rede auf Hermann Broch 1936). München: Hanser 1965.

–. München: Deutscher Taschenbuchverlag 1969 (=dtv 544).

Teilabdrucke mit sonst unveröffentlichten Texten:
»Aus den ›Aufzeichnungen des Jahres 1942‹«. In: Wort in der Zeit II, H. 4, 1956 S. 215 f.
»Aus: Aufzeichnungen 1942«. In: Elias Canetti. Welt im Kopf. Graz und Wien 1962, S. 109–114.

Alle vergeudete Verehrung. Aufzeichnungen 1949–1960. München 1970 (=Reihe Hanser 50).

Teilabdrucke mit sonst unveröffentlichten Texten:
»Aus den Aufzeichnungen 1957«. In: Literatur und Kritik I, H. 7, Oktober 1966, S. 1–11. [Textvarianten!]
»Aus: Aufzeichnungen des Sommers 1960«. In: Jahresring 67/68, Stuttgart 1967, S. 173–186. [Textvarianten!]

Die Provinz des Menschen. Aufzeichnungen 1942–1972. München: Hanser 1973.

–. Frankfurt: Fischer Tb 1976.

–. [u. 1. Titel: Aufzeichnungen 1942–1972] Frankfurt 1978 (Bibliothek Suhrkamp 579).

Teilabdrucke mit sonst unveröffentlichten Texten:
»Aufzeichnungen« (1967). In: Text und Kritik, H. 28 (Elias Canetti), Oktober 1970 (²November 1973), S. 1–8.
»Aufzeichnungen 1969«. In: Jahresring 71/72, Stuttgart 1971, S. 7 bis 15. [Textvarianten!]
»Aufzeichnungen Februar 1971«. In: Literatur u. Kritik VII, H. 65, Juni 1972, S. 257–271.

Die Stimmen von Marrakesch. Aufzeichnungen nach einer Reise. München: Hanser 1967. [recte 1968], 1976 (=Reihe Hanser 1).

–. München 1978: Hanser (Neuauflage).

Der andere Prozeß. Kafkas Briefe an Felice. In: Die Neue Rundschau 79, 1968, S. 185–220 und 586–623.

–. München 1969 (=Reihe Hanser 23), ⁴1973.

Die gespaltene Zukunft. Aufsätze und Gespräche (Hitler, nach Speer; Konfuzius in seinen Gesprächen; Tolstoi, der letzte Ahne; Dr. Hachiyas Tagebuch aus Hiroshima; Gespräche mit Theodor W. Adorno, Horst Bienek und Joachim Schickel; biographischer und bibliographischer Anhang). München 1972 (=Reihe Hanser 111).

Macht und Überleben. Drei Essays. (Macht und Überleben; Karl Kraus, Schule des Widerstands; Dialog mit dem grausamen Partner). Berlin: Literarisches Colloquium 1972 (=LBC-Edition 29).

Das Gewissen der Worte. Essays (Hermann Broch, Rede zum 50. Geburtstag; Macht und Überleben; Karl Kraus, Schule des Widerstands; Dialog mit dem grausamen Partner; Realismus und neue

Wirklichkeit; Der andere Prozeß. Kafkas Briefe an Felice; Wort-
anfälle; Hitler, nach Speer; Konfuzius in seinen Gesprächen; Tolstoi,
der letzte Ahne; Dr. Hachiyas Tagebuch aus Hiroshima; Georg
Büchner; Das erste Buch: Die Blendung; Der neue Karl Kraus).
München: Hanser 1975, ²1976 (neu aufgenommen als Beschluß des
Bandes: Der Beruf des Dichters).
–. München 1978: Deutscher Taschenbuchverlag 1978 (dtv 1377).

Werkauswahl

Welt im Kopf (aus: Die Blendung; aus: Komödie der Eitelkeit;
Rede auf Hermann Broch 1936; aus: Aufzeichnungen 1942, davon
einige sonst unveröffentlicht; aus: Marokko = Die Stimmen von
Marrakesch; biographischer und bibliographischer Anhang). Eingelei-
tet und ausgewählt von Erich Fried. Graz u. Wien 1962 (=Stiasny-
Bücherei 102).

Übersetzungen aus dem Amerikanischen

Upton Sinclair. *Leidweg der Liebe.* Berlin: Malik 1930.
–. *Das Geld schreibt. Eine Studie über die amerikanische Literatur.*
Berlin: Malik 1930.
–. *Alkohol.* Berlin: Malik 1932.
Schallplatten und Tonbandcassetten
Elias Canetti liest aus den ›Marokkanischen Erinnerungen‹ (Be-
gegnungen mit Kamelen, Der Unsichtbare), aus seinem Roman ›Die
Blendung‹ (Der gute Vater). Deutsche Grammophon Gesellschaft,
Nr. 168086 (1967). (Auf Schutzhülle sonst unveröffentlichter auto-
biographischer Text »Elias Canetti über Elias Canetti«.)
Elias Canetti liest Canetti ›Der Ohrenzeuge. Charaktere‹. Deut-
sche Grammophon Gesellschaft, Nr. 2570 003 (1975). (Auf Schutz-
hülle sonst unveröffentlichter Text »Der Ohrenzeuge«.)
Elias Canetti liest aus seinem Buch ›Die gerettete Zunge‹. 2 Tonbandcassetten CWO 7052 und CWO 7053, ML ex libris (1978).

6.1.2. Unselbständige Veröffentlichungen

Essays, Erinnerungen

»Upton Sinclair wird 50 Jahre alt«. In: Der Querschnitt VIII,
H. 10, Oktober 1928, S. 736.
»Der Gegen-Satz zur ›Hochzeit‹«. (Programmheft:) Staatstheater
Braunschweig, Spielzeit 1965/66, H. 15, S. 162. (Elias Canetti schrieb
seine Erinnerungen an den Ursprung der ›Hochzeit‹ für dieses Heft
auf.)
–. (Programmheft:) Schauspielhaus Zürich, Spielzeit 1969/70, H. 4.
S. 8 f.

–. (Programmheft:) Theater der Stadt Bonn, Spielzeit 1973/74, H. 15, S. 4.

»Das Chaos des Fleisches«. In: Alfred Hrdlicka. Acht Radierungen zu Elias Canetti ›Masse und Macht‹. Stuttgart: Edition Galerie Valentien o. J. (1973). (Numerierte und signierte Ausgabe in 50 Exemplaren. Mappe.)

–. In: E. Canetti–A. Hrdlicka–K. Diemer. Stuttgart: Galerie Valentin o. J. (1973), S. 19–35.

»Das erste Buch: Die Blendung«. In: Jahresring 74/75, Stuttgart 1974, S. 27–37.

Reden

»Hermann Broch. Rede zu seinem 50. Geburtstag. Wien, November 1936.« In: Elias Canetti. *Welt im Kopf*. Graz u. Wien 1962, S. 91–108; Elias Canetti. *Aufzeichnungen 1942–1948*. München 1965, S. 187–203; Elias Canetti. *Das Gewissen der Worte*. München: Hanser ²1976, S. 9–22.

»Realismus und neue Wirklichkeit«. Referat bei einer Tagung über Probleme des modernen Romans, veranstaltet 1965 von der Österreichischen Gesellschaft für Literatur in Wien unter Leitung von Wolfgang Kraus. In: Die Neue Rundschau 77, 1966, S. 87–91; Elias Canetti. *Das Gewissen der Worte*. München: Hanser ²1976, S. 66–71.

»Unsichtbarer Kristall. Aus der Rede anläßlich der Verleihung des Großen Österreichischen Staatspreises am 25. Jänner 1968.« In: Literatur und Kritik III, H. 22, März 1968, S. 65–67.

»Wortanfälle. Ansprache vor der Bayerischen Akademie der Schönen Künste.« In: Neue Rundschau 80, 1969, S. 674–677; Elias Canetti. *Das Gewissen der Worte*. München: Hanser ²1976, S. 158 bis 162.

»Rede zur Verleihung des Georg-Büchner-Preises 1972.« In: Deutsche Akademie für Sprache und Dichtung Darmstadt. Jahrbuch 1972. Heidelberg u. Darmstadt 1973, S. 54–65; Elias Canetti. *Das Gewissen der Worte*. München: Hanser ²1976, S. 211–221.

»Der Beruf des Dichters. Münchner Rede, Januar 1976.« In: Elias Canetti. *Der Beruf des Dichters*. München: Hanser 1976; Elias Canetti. *Das Gewissen der Worte*. München: Hanser ²1976, S. 257 bis 267.

Unveröffentlichte Dankreden anläßlich von Preisverleihungen:

Erstmalige Verleihung des Franz-Nabl-Preises der Stadt Graz am 11. Juni 1975. Verleihung des Nelly-Sachs-Preises der Stadt Dortmund am 14. Dezember 1975: »Sprache und Hoffnung«.

Gottfried-Keller-Preis der Martin-Bodmer-Stiftung, Zürich, am 19. Dezember 1977.

Briefliche Äußerungen

Brief an Fritz Arnold, 10.5.1968. In: hanser bulletin 5/68. (München 1968).
Brief an Dieter Dissinger, 3.9.1969. In: Dieter Dissinger. Vereinzelung und Massenwahn. Bonn 1971, S. VII–IX.
Brief an Thomas Mann, 29.10.1935. In: Blätter der Thomas Mann Gesellschaft, Zürich, Nr. 14, 1974 (recte 1975), S. 22 f.
Brief an Herbert G. Göpfert. Gedruckt in 100 Exemplaren im Auftrag der Historischen Kommission des Börsenvereins des dt. Buchhandels und der Horst-Kliemann-Stiftung zum 70. Geburtstag von Herbert G. Göpfert am 22. September 1977.

Interviews

»Gespräch mit Theodor W. Adorno.« In: Elias Canetti. *Die gespaltene Zukunft.* München 1972, S. 66–92.
»Gespräch mit Elias Canetti, geführt von Rupprecht Slavko Baur, Zagreb, 15. V. 1971.« In: Literatur und Kritik VII, H. 65, Juni 1972, S. 272–279.
»Gespräch mit Horst Bienek.« In: Borges, Bulatović, Canetti. Drei Gespräche mit Horst Bienek. Gedruckt für die Freunde des Carl Hanser Verlages zum Jahreswechsel 1965/66. München 1965, S. 31 bis 41; und in: Horst Bienek. Werkstattgespräche. München: DTV nr. 291 ³1976, S. 273–285.
–. In: Elias Canetti. *Die gespaltene Zukunft.* München 1972, S. 93 bis 103.
Gotthard Böhm. »Der optimistische Elias Canetti. ›Presse‹-Gespräch über die Eigenständigkeit der österreichischen Literatur.« In: Die Presse, Wien, 24./25./26. 12. 1971.
Ingeborg Brandt, »›Stendhal war meine Bibel‹. Gespräch mit Elias Canetti, dem Autor der ›Blendung‹«. In: Welt am Sonntag, 8. 11. 1963.
Karl Diemer, »Gespräch mit Elias Canetti im Atelier Alfred Hrdlickas, Wien, August 1972«. In: E. Canetti–A. Hrdlicka–K. Diemer. Stuttgart 1973. S. 8 f.
Manfred Durzak. »Die Welt ist nicht mehr so darzustellen wie in früheren Romanen. Gespräch mit Elias Canetti.« In: Manfred Durzak. Gespräche über den Roman. Formbestimmungen und Analysen. Frankfurt: Suhrkamp 1976, S. 86–102.
»Elias Canetti/Rudolf Hartung.« In: Selbstanzeige. Schriftsteller im Gespräch, ed. Werner Koch. Frankfurt: Fischer Taschenbuch Verlag 1971, S. 27–38.
»›Wie der Mensch seine Mitmenschen verfehlt...‹ Elias Canetti und Hans Heinz Holz im Gespräch über das Schauspiel ›Hochzeit‹.« In: Volksrecht, 13. 11. 1969.
»Der Autor im Gespräch: Elias Canetti.« Peter Laemmle und

Horst Lehner mit dem Autor. Süddeutscher Rundfunk, Studio Karlsruhe (Kulturkritik) am 25. Januar 1974.

Guy Le Clech. »Dans les entrailles de la masse. Elias Canetti a trouvé la puissance.« In: Le Figaro Littéraire, 12. 5. 1966.

»Elias Canetti talks to Idris Parry about the work of Kafka.« In: The Listener, 16. 9. 1971, S. 366–369.

Elias Canetti. »Wir werden 300 Jahre leben. Gespräch mit Leonhard Reinisch.« In: Neues Forum XVII, H. 202/II/203/I, Mitte Okt./Anf. Nov. 1970, S. 987 f.

»Gespräch mit Joachim Schickel.« In: Elias Canetti. *Die gespaltene Zukunft.* München 1972, S. 104–131.

»Paul Schmid sprach mit Elias Canetti. ›Mir ist es vor allem um Klarheit zu tun‹.« In: Tagesanzeiger, Zürich, 28. 6. 1974.

Werner Thuswaldner. »Mit der Nestroy-Ausgabe im Gepäck. Gespräch mit Elias Canetti.« In: Salzburger Nachrichten, 2. 5. 1974.

»Leergegessene Bonbonnièren – Das Reich der Schatten – Die Akustische Maske. Elias Canetti über das heutige Theater.« In: Der Sonntag (Beilage des »Wiener Tag«), 18. 4. 1937. (Teilabdruck in »Einleitung« zu Elias Canetti. *Welt im Kopf.* Graz u. Wien 1962, S. 12–14.)

»Gespräch mit Elias Canetti.« In: Mykenae Theater Korrespondenz, ed. Hermann Wanderscheck, Darmstadt, Jg. 16, Nr. 12, 30. 11. 1965. (Als Manuskript versandt.)

6.1.3. Übersetzungen der Werke Elias Canettis

Die Blendung

Ins Tschechische:
Zaslepení. Übersetzt Zdenka Münzrova. Prag: L. Mazáč 1936.

Ins Englische:
Auto da Fé. Übers. C. V. Wedgwood. London: Jonathan Cape 1946, [2]1946, [3]1947, [4]1962, [5]1972.
–. Harmondsworth 1965, [2]1973 (=Penguin Modern Classics 2287).
The Tower of Babel. Übers. C. V. Wedgwood. New York: Alfred A. Knopf 1947.
Auto da Fé. New York, Stein and Day 1964.
–. New York: Avon 1969.
–. New York: The Seabury Press 1979.

Ins Französische:
La Tour de Babel. Übers. Paule Arhex. Grenoble u. Paris: B. Arthaud 1949.
Auto-da-fé. Übers. Paule Arhex. Paris: Gallimard 1968, [2]1972.

Ins Holländische:
Het martyrium. Übers. Jaques Hamelink. Amsterdam: Polak en van Gennep 1967, [2]1969.

120

Ins Italienische:
Auto-da-fé. Übers. Luciano u. Bianca Zagari. Milano: Garzanti 1967, Taschenbuchausgabe 1974.

Ins Japanische:
[Die Blendung]. Tokio: Hosei University Press 1972.

Ins Jugoslawische:
Prosveta. Beograd 1976.

Ins Polnische:
Auto da fé. Übers. Edyta Sicińska. Warschau: Czytelnik 1966. (Nachwort Roman Karst.)

Ins Rumänische:
Orbirea. Übers. Mihai Isbaşescu. Bukarest: Editura Univers 1973.

Ins Ungarische:
Káprázat. Übers. Nemeth G. Bela. Budapest: Európa Könyvkiadó 1973.

Hochzeit

Ins Holländische:
Bruiloft. Übers. A. Keizer. Amsterdam: Polak en van Gennep 1968.

Ins Schwedische:
Bröllopsfesten (Brölloet). Übers. Göran O. Erikson. (Als Manuskript für die Aufführung Stockholm 1969 vervielfältigt.)

Die Befristeten

Ins Englische:
The Numbered. Übers. Carol Stewart. (Nur als Manuskript für die Aufführung Oxford 1956 vervielfältigt.)
The Deadlined. Teilübers. Dagmar Barnouw. »Doubting Death: On Elias Canetti's Drama *The Deadlined*«. *Mosaic* VII/2, 1974, S. 1–23.

Fritz Wotruba

Ins Englische:
–. Foreword by James S. Plaut. Wien: Brüder Rosenbaum 1955.

Masse und Macht

Ins Englische:
Crowds and Power. Übers. Carol Stewart. London: Victor Gollancz 1962.
–. Harmondsworth 1973 (= Penguin Books 3616).
–. New York: Viking Press 1962 (recte 1963), ²1966, ³1972.
Crowds and Power. Übers. Carol Stewart. New York: The Seabury Press 1978.

Ins Französische:
Masse et puissance. Übers. Robert Rovini. Paris: Gallimard 1966.

Ins Holländische:
Massa & Macht. Übers. Jenny Tuin. Amsterdam: Polak en van Gennep 1976.

Ins Italienische:
Massa e potere. Übers. Furio Jesi. Milano: Rizzoli 1972.

Ins Japanische:
Gunshû to kenryoku. Übers. Iwata Kôichi. Tokio: Hosei University Press 1970.

Ins Spanische:
Masa y Poder. Übers. Horst Vogel. Barcelona: Muchnik 1977.

Die Stimmen von Marrakesch
Ins Englische:
The Voices of Marrakesch. A Record of a Visit. Übers. J. A. Underwood. London: Calder & Boyars 1978.
–. New York: The Seabury Press 1978.

Ins Holländische:
Stemmen van Marrakesch. Kanttekeningen bij een reis. Übers. Theodor Duquesnoy. Amsterdam: Polak en van Gennep 1969.

Ins Japanische:
[Die Stimmen von Marrakesch]. Tokio: Hosei University Press 1973.

Ins Ungarische:
Marrákes Hangjai. Budapest: Európa Könyvkiado 1972.

Der andere Prozeß
Ins Englische:
Kafka's Other Trial. Übers. Christopher Middleton. New York: Schocken 1974.
–. London: Calder & Boyars 1975.

Ins Französische:
L'autre procès. Lettres de Kafka à Felice. Übers. Lily Jumel. Paris: Gallimard 1972.

Ins Holländische:
Het andere proces. Kafka's brieven aan Felice. Übers. Theodor Duquesnoy. Amsterdam: Polak en van Gennep 1971.

Ins Italienische:
L'altro processo. Le lettere die Kafka a Felice. Übers. Alice Ceresa. Milano: Longanesi 1973.

Ins Japanische:
[Der andere Prozeß]. Tokio: Hosei University Press 1971.

Ins Spanische:
El Otro Proceso de Kafka. Übers. Michael Faber-Kaiser und Mario Muchnik. Barcelona: Muchnik 1977.

Ins Polnische:
Drugi proces. Kafki listy do Felicji. Warschau 1976 (Gesamtausgabe der Werke Kafkas, Bd. 1).

Die gespaltene Zukunft

Ins Japanische:
[Die gespaltene Zukunft]. Tokio: Hosei University Press 1974.

Die gespaltene Zukunft/Macht und Überleben (Sieben Essays)

Ins Italienische:
Potere e sopravvivenza. Saggi. Übers. Furio Jesi. Milano: Adelphi 1974.

Die Provinz des Menschen

Ins Englische:
The Human Province. New York: The Seabury Press 1978.

Ins Französische:
Le territoire de l'homme. Paris: Albin Michel 1978.

Ins Holländische:
Wat de mens betreft. Amsterdam: Polak en van Gennep 1976.

Ins Italienische:
La provincia dell'uomo. Milano: Adelphi 1978.

Der Ohrenzeuge

Ins Holländische:
De Oorgetuige. Amsterdam: Polak en van Gennep 1975.

Ins Spanische:
Cincuenta caracteres (el testigo iodor). Barcelona: editorial labor 1977.

Werkauswahl

Ins Rumänische:
In: *Secolul 20. Revistă de literatură universală,* 9 (140), 1972, S. 59–107.

6.2. Sekundärliteratur

Literaturangaben sind nach Verfassernamen alphabetisch geordnet und für jedes Kapitel gesondert durchnumeriert. Für weitere Angaben, vor allem auch Rezensionen, siehe *Alfons-M. Bischoff. Elias Canetti. Stationen zum Werk.* Bern u. Frankfurt: Lang 1973; *Dieter Dissinger.* »Bibliographie zu Elias Canetti«. In: Canetti lesen. Erfahrungen mit seinen Büchern. Hgg Herbert Göpfert. München: Hanser 1975, S. 136–166. (= Reihe Hanser 188)

Kapitel I

Aufsatzsammlungen zu Texten Canettis:

I/1a Text und Kritik, H. 28 (Elias Canetti), Oktober 1970², November 1973;

I/1b Literatur und Kritik VII, H. 65, Juni 1972 (Elias Canetti Sonderheft);

I/1c Nuovi argomenti Sommer 1975 (Canetti Sonderheft);

I/1d Canetti lesen. Hgg Herbert Göpfert. München: Hanser 1975. (= Reihe Hanser 188);

I/2 *Herbert Ahl.* »Angst vor dem Intellektuellen? Literarische Marginalien (CCLIV)«. Diplomatischer Kurier, H. 17, August 1965, S. 695–700;

I/3 *Ernst Alker.* »Elias Canetti«. Österreich in Geschichte und Literatur XVI, 1972, S. 568–571;

I/4 *Jean Améry.* »Begegnungen mit Elias Canetti«. Merkur XXVII, 1973, S. 292–295;

I/5 *Jean Améry.* »Sprache, Tod und Eifersucht«. Der Spiegel, 14. 3. 1977;

I/6 *Claus Henning Bachmann.* »Elias Canetti« (zum 60. Geburtstag). Frankfurter Rundschau, 23. 7. 1965;

I/7 *Horst Bienek.* »Die Zeit entläßt uns nicht. Rede auf den Preisträger«. In: Deutsche Akademie für Sprache und Dichtung Darmstadt. Jahrbuch 1972. Heidelberg und Darmstadt 1973, S. 45–53. (Auch in Akzente XIX, 1972, S. 557–564.);

I/8 *Horst Bienek.* »Rede auf Elias Canetti gehalten am 14. Dezember 1975 anläßlich der Verleihung des Nelly Sachs-Preises«. Literatur und Kritik XI, 1976, S. 449–454;

I/9 *Günter Blöcker.* »Im Silberlicht der Erinnerung«. Süddeutsche Zeitung 9. 4. 1977;

I/10 *Maurice Capitanchik.* »Canetti: A Modern Classic«. Books and Bookmen, London, April 1971, S. 22–24;

I/11 *Hans Daiber.* »Elias Canetti«. Deutsche Rundschau 81, 1955, S. 604–610;

I/12 *Karl Diemer.* »Elias Canetti und Alfred Hrdlicka«. In: E. Canetti – A. Hrdlicka – K. Diemer. Stuttgart 1973, S. 11–17;

I/13 *Manfred Durzak.* »Elias Canetti«. In: Deutsche Dichter der Gegenwart. Ihr Leben und Werk, ed. Benno von Wiese. Berlin 1973, S. 195–209;

I/14 *Ernst Fischer.* Erinnerungen und Reflexionen. Reinbek: Rowohlt 1969;

I/15 *Erich Fried.* »Einleitung« zu: Elias Canetti. Welt im Kopf. Graz und Wien 1962, S. 5–22;

I/16 *Joachim Günther.* »Autobiographie als Zeitbild«. Der Tagesspiegel 5. 6. 1977;

I/17 *Wolfgang Hädecke.* »Zwischen Leben und Werk. Tagebücher der Literaturgeschichte. Eine Aufsatzreihe (XV): Elias Canetti«. Der Junge Buchhandel, Nr. 5, 1969 (Beilage zum Börsenblatt für den deutschen Buchhandel, Nr. 35, 2. 5. 1969), S. J57–J62;

I/18 *Wolfgang Hädecke.* »Elias Canetti: Die gerettete Zunge«. Literatur und Kritik XII, 1977, S. 569–570;

I/19 *Rudolf Hartung.* »Elias Canetti zum 60. Geburtstag«. Hessischer Rundfunk, 25. 7. 1965 (Funkms.);

I/20 *Rudolf Hartung.* »Vertrauen zum unverkleideten Wort. Elias Canetti zum 70. Geburtstag«. Frankfurter Allgemeine Zeitung 26. 7. 1975;

I/21 *Rudolf Hartung.* »Erinnerte Jugend«. Neue Rundschau 88, 1977, S. 300–304;

I/22 *Roland Heger.* »Elias Canetti«. In: Der österreichische Roman des 20. Jahrhunderts, Bd. I. Wien 1971, S. 85–87;

I/23 *Werner Helwig.* »Die Gesichter des Elias Canetti«. Merkur XXIV, 1970, S. 786 f.;

I/24 *Werner Helwig.* »Kennen, Deuten, Folgern: Elias Canetti zum 70. Geburtstag«. Die Tat Zürich, 18. 7. 1975;

I/25 *Jochen Hieber.* »Utopie und Sisiphosarbeit: Wie kann man heute eine Autobiographie schreiben?«. Die Zeit 1. 4. 1977;

I/26 *Roland Hill.* »Übermacht der Umwelt. Elias Canetti wird 60«. Frankfurter Allgemeine Zeitung, 24. 7. 1965;

I/27 *Curt Hohoff.* »Elias Canetti. Gratwanderung eines Schwindligen«. Die Welt 25. Juli 1975;

I/28 *Urs Jenny.* »Von Vätern und Göttern – Elias Canetti«. Merkur XX, 1966, S. 285–288;

I/29 *Jürgen Jacobs.* »Elias Canetti«. In: Deutsche Literatur der Gegenwart, ed. Dietrich Weber. Stuttgart: Kröner³ 1976, S. 93–102;

I/30 *Peter Laemmle.* »Das Abenteuer Des Anfangs«. Die Weltwoche 2. 3. 1977;

I/31 *Marcel Reich-Ranicki.* »Canetti über Canetti«. Frankfurter Allgemeine Zeitung, 16. 4. 1977;

I/32 *Leonhard Reinisch.* »Elias Canettis Gerettete Zunge«. Merkur XXXI, 1977, S. 584–589;

I/33 *Joachim Schickel.* »Canettis Verwandlungen. Romancier, Essayist, Dramatiker«. Der Monat XVI, 1963/64, H. 188, S. 66–71;

I/34 *Joachim Schickel.* »Kein Befehl geht verloren. Elias Canetti:

Dramatiker, Erzähler, Philosoph. Zu seinem 65. Geburtstag am 25. Juli 1970«. Hessischer Rundfunk, 21. und 24. 7. 1970. (Funkms.-Teilabdruck in Text und Kritik, H. 28, Oktober 1970, S. 9–23.);
I/35 *Uwe Schweikert*. »Begegnung mit einem Buch: Elias Canetti. ›Die gerettete Zunge‹«. Radio Bremen, 3. 4. 1977 (Funkms.);
I/36 *Uwe Schweikert*. »Das wiedergefundene Paradies. Elias Canetti erzählt die Geschichte seiner Jugend«. Frankfurter Rundschau, 12. 3. 1977;
I/37 *Werner Strodthoff*. »Canetti und Koeppen über ihre Jugend. Glanz und Elend des Bürgertums«. Kölner Stadtanzeiger. 30./31. 7. 1977;
I/37a *Viktor Suchy*. »Exil in Permanenz. Elias Canetti und der unbedingte Primat des Lebens«. In: Die deutsche Exilliteratur 1933–1945, ed. Manfred Durzak. Stuttgart 1973, S. 282–290;
I/38 *Urs Widmer*. »Nun wissen wir was Ernsthaftigkeit sein kann«. Frankfurter Rundschau, 25. 7. 1975;
I/39 *Herbert Zand*. »Stimmen unsere Maßstäbe noch? Versuch über Elias Canetti«. Literatur und Kritik III, H. 21, S. 33–37.

Kapitel II/A »Die Blendung«

II/A/1 *Annemarie Auer*. Ein Genie und sein Sonderling. Elias Canetti und die Blendung.« Sinn und Form XXI, 1969, S. 936–983;
II/A/2 *Marcel Brion*. »La Tour de Babel«. Le Monde, 13. 12. 1949;
II/A/3 *Friedrich Burschell*. »Die Blendung«. Das Wort I, H. 4, Oktober 1936, S. 93–95. [Cf. *Hans-Albert Walter*. Deutsche Exilliteratur 1933–1950, Bd. 7, Darmstadt und Neuwied 1974, S. 319 u. 349];
II/A/4 *Günther Busch*. »Der Roman des großen Erschreckens, ›Die Blendung‹«. In Canetti lesen, hgg. Herbert Göpfert. München: Hanser 1975, S. 31–43;
II/A/5 *Mechthild Curtius*. Kritik der Verdinglichung in Canettis Roman ›Die Blendung‹. Eine sozialpsychologische Literaturanalyse. Bonn: Bouvier 1973;
II/A/6 *Hans Daiber*. »Die Blendung«. Neue Deutsche Hefte XI, 1964, S. 133–135;
II/A/7 *Claude David*. »La Tour de Babel«. Le Monde 17. 8. 1968;
II/A/8 *Dieter Dissinger*. Vereinzelung und Massenwahn. Elias Canettis Roman ›Die Blendung‹. Bonn: Bouvier 1971;
II/A/9 *Dieter Dissinger*. »Alptraum und Gegentraum. Zur Romanstruktur bei Canetti und Bernhard«. Literatur und Kritik X, 1975, S. 168–175;
II/A/10 *Manfred Durzak*. »Versuch über Elias Canetti«. Akzente XVII, 1970, S. 169–191;
II/A/11 *Manfred Durzak*. Gespräche über den Roman. Formbestimmungen und Analysen. Frankfurt: Suhrkamp 1976, S. 86–102;

II/A/12 *D. J. Enright.* »Auto-da Fé«. Encounter XVIII, Juni 1962, S. 65–68;

II/A/13 *Hans Magnus Enzensberger.* »Die Blendung«. Der Spiegel XVII, H. 32, 1963, S. 48;

II/A/14 *Leslie A. Fiedler.* »The Tower of Babel«. Partisan Review, Juni 1947, S. 316–320;

II/A/15 *Daniel George* [= Francis Meres]. »Reason Dethroned«. In: *Daniel George.* Lonely Pleasures. London 1954, S. 176–179;

II/A/16 *Rudolf Hartung.* »Fabel und Gestalt. Betrachtungen zu einem Roman Elias Canettis«. Literarische Revue (vormals ›Die Fähre‹) III, 1948, S. 341–347;

II/A/17 *Rudolf Hartung.* »Die Blendung«. Die Zeit, 22. 1. 1963;

II/A/18 *Jacob Isaacs.* An Assessment of Twentieth Century Literature. Six Lectures Delivered in the BBC Third Programme. London 1951, S. 58, 60–62, 77, 125 [Cf. *Ernst Robert Curtius.* Büchertagebuch. Bern u. München: Dalp 1960, S. 25];

II/A/19 *Wolfgang Kraus.* »Unser Jahrhundert und sein Roman«. Akzente XIII, 1966, S. 17–22;

II/A/20 *J. W. McFarlane.* »The Tiresian Vision«. The Durham University Journal XLIX, 3 (New Series XVIII, 3), 1957, S. 109–115;

II/A/21 *Claudio Magris.* »Das geblendete Ich. Das Bild des Menschen in Elias Canetti.« Colloquia Germanica 1974, S. 344–375;

II/A/22 *Claudio Magris.* »Die rasenden Elektronen.« In: Canetti lesen, S. 35–47;

II/A/23 *Wolf Mankowitz.* »Auto-da-Fé«. The Critic I, 1950/51, S. 63–65;

II/A/24 *Karl Markus Michel.* »Der Intellektuelle und die Masse. Zu zwei Büchern von Elias Canetti.« Neue Rundschau 75, 1964, S. 308–316;

II/A/25 *Manfred Moser.* »Zu Canettis ›Blendung‹«. Literatur und Kritik V, 1970, S. 591–609;

II/A/26 *Idris F. Parry.* »Elias Canetti's Novel ›Die Blendung‹«. In: Essays in German Literature I, ed. F. Norman. London 1965, S. 145–166;

II/A/27 *Sergio Pacifici.* »The Tower of Babel«. Saturday Review XLVII, Nr. 19, 9. 5. 1964, S. 50;

II/A/28 *David Roberts.* Kopf und Welt. Elias Canettis Roman »Die Blendung«. Übers. Helga und Fred Wagner. München: Hanser 1975;

II/A/29 *Peter Russell.* »The Vision of Man in Elias Canetti's *Die Blendung*«. German Life and Letters 28, 1974/75, S. 24–35;

II/A/30 *Julia Strachey.* »Auto-da-Fé«. Horizon XIV, Nr. 79, Juli 1946, S. 60–63;

II/A/31 *Walter H. Sokel.* »The Ambiguity of Madness: Elias Canetti's Novel *Die Blendung*«. In: Views and Reviews of Modern German Literature. Festschrift für Adolf D. Klarmann, ed. Karl S. Weimar. München: Delp 1974, S. 181–187;

II/A/32 *Edward A. Thomson.* »Elias Canetti's *Die Blendung* and the

Changing Image of Madness«. German Life and Letters, 26, 1972,
S. 38–47;

II/A/33 *Jürgen P. Wallmann.* »Zeitkritik im Roman: Elias Canetti:
›Die Blendung‹ / Günter Grass: ›Hundejahre‹«. Deutsche Rundschau
89, H. 12, 1963, S. 93–96;

II/A/34 *Anthony West.* »The Tower of Babel«. The New Yorker,
11. 4. 1964, S. 172–174;

II/A/35 *Raymond Williams.* »Fiktion und Verblendung. Eine Anmer-
kung zu Elias Canettis ›Die Blendung‹«. Literatur und Kritik I, H. 5,
1966, S. 38–40;

II/A/36 *Luciano Zagari.* Il romanzo tedesco del Novecento. Turin
1973.

Kapitel II/B Die frühen Dramen

II/B/1 *Wolf Achilles.* »Canettis ›Hochzeit‹ uraufgeführt. Neuer Skan-
dal im Theater«. Braunschweiger Presse, 5. 11. 1965;

II/B/2 *Claus Henning Bachmann.* »Maßnahmen gegen die Einsturz-
gefahr. Zu Stücken von Peter Weiß und Elias Canetti«. Eckart-Jahrbuch 1964/65, S. 278–284;

II/B/3 *Claus-Henning Bachmann.* »Am Rande der Utopien. Theater
1964–66: Fragen zur Standortbestimmung«. Eckart-Jahrbuch 1965/66,
S. 233–247;

II/B/4 *Claus-Henning Bachmann.* »Katastrophe, Massenwahn und
Tabu. Zu den Dramen von Elias Canetti: Wort in der Zeit X, H. 12,
1964, S. 44–50;

II/B/5 *Claus-Henning Bachmann.* Texte in (Programmhefte) Staatstheater Braunschweig, Spielzeit 1964/65, H. 23 (›Komödie der Eitelkeit‹), u. Spielzeit 1965/66, H. 15 (›Hochzeit‹);

II/B/6 *Heinz Beckmann.* »Canettis Augiasstall. Degoutante ›Hochzeit‹ in Braunschweig«. Rheinischer Merkur, 12. 11. 1965. (Cf. *Heinz
Beckmann.* »Braunschweiger Nachspiel«. Rheinischer Merkur, 26. 11.
1965.);

II/B/7 *Erich Burgstaller.* »Zur Behandlung der Sprache in Elias Ca-
nettis frühen Dramen«. In: Sprachthematik in der österreichischen
Literatur des 20. Jahrhunderts, hgg Institut für Österreichkunde.
Wien: Hirt 1974, S. 101–117;

II/B/8 *Renée Buschkiel.* »Canetti in Basel. Massenhysterie im Spiegel-
kabinett. Fulminanter Abschied« [von Hans Hollmann]. Die Furche
Nr. 11, 17. 3. 1978;

II/B/9 *Hans Daiber.* »Dramen«. Neue Deutsche Hefte XII, 1965,
S. 153–155;

II/B/10 *Hans Daiber.* Bärendienst für Elias Canetti. Die ›Hochzeit‹
in Braunschweig uraufgeführt«. Handelsblatt (Deutsche Zeitung),
8. 11. 1965;

II/B/11 *Christian Ferber.* »Ein Untergang, der kaltläßt«. Die Welt,
5. 11. 1965;

II/B/12 *Wolfgang Hädecke.* »Dramen«. Christ und Welt, 18. 9. 1964;

II/B/13 *Wolfgang Hädecke.* »Die Masse und ihr Wahn als Titelheld. ›Komödie der Eitelkeit‹ von Elias Canetti in Braunschweig uraufgeführt«. Die Welt, 9. 2. 1965;

II/B/14 *Horst Hartmann.* »Massenwahn auf der Bühne. Elias Canettis ›Komödie der Eitelkeit‹ in Braunschweig uraufgeführt«. Frankfurter Rundschau, 10. 2. 1965;

II/B/15 *Horst Hartmann.* »Die beleidigte Braunschweiger Leberwurst. Der Protest eines Anonymus gegen eine Theateraufführung«. Vorwärts, Bad Godesberg, 22. 12. 1965;

II/B/16 *Hans Heinz Holz.* »Zürcher Schauspielhaus: Elias Canettis ›Hochzeit‹. Eine apokalyptische Komödie«. National-Zeitung, Basel, 19. 11. 1969;

II/B/17 *Peter Iden.* »Vom Ich zum Wir und wieder zurück«. Die Zeit, 24. Februar 1978;

II/B/18 *Hansres Jacobi.* »›Komödie der Eitelkeit‹. Elias Canetti-Uraufführung im Staatstheater Braunschweig«. Neue Zürcher Zeitung, 10. 2.1965;

II/B/19 *Peter Laemmle.* »Macht und Ohnmacht des Ohrenzeugen. Zur Kategorie des Dramatischen in Canettis frühen Stücken«. In: Canetti lesen, S. 47–61;

II/B/20 *Peter Rüedi.* »Revue der akustischen Masken«. Die Weltwoche, 15. 2. 1978;

II/B/21 *Günther Rühle.* »Uraufführung von Elias Canettis ›Komödie der Eitelkeit‹«. Frankfurter Allgemeine Zeitung, 9. 2. 1965;

II/B/22 *Günther Rühle.* »Elias Canettis ›Hochzeit‹ / Uraufführung in Braunschweig«. Frankfurter Allgemeine Zeitung, 5. 11. 1965;

II/B/23 *Bruno Schärer.* »Die Macht und die Verwandlungen der Masse. Zu den Dramen von Elias Canetti«. Die Weltwoche, 24. 11. 1967;

II/B/24 *Bruno Schärer.* »›Hochzeit‹ von Elias Canetti«. (Programmheft) Schauspielhaus Zürich«, Spielzeit 1969/70, H. 4 (›Hochzeit‹), S. 3–6;

II/B/25 *Aurel Schmidt.* »Hans Hollmann inszeniert Elias Canetti«. Basler Zeitung, 25. 2. 1978;

II/B/26 *Gerald Stieg.* »Canetti und Brecht oder ›es wird kein rechter Chor daraus …‹«. Austriaca 2, Mai 1976, S. 77–92;

II/B/27 *Gerald Stieg.* »Elias Canettis ›Komödie der Eitelkeit‹«. Basler Theater 8, Februar 1978;

II/B/28 *Barbara Tröger-Heyl.* »Canetti mit und ohne Film. ›Komödie der Eitelkeit‹ im Großen Haus«. Braunschweig. Berichte aus dem kulturellen Leben, H. 1, 1965 (15. H. der Gesamtfolge), S. 16–18;

II/B/29 *Klaus Völker.* »Die Dramen«. In: Text und Kritik, H. 28 (Elias Canetti), Oktober 1970, S. 39–43;

II/B/30 *e(rnst) w(endt).* »Komödie der Eitelkeit«. Theater heute VI, H. 3, März 1965, S. 6 f.;

II/B/31 *e(rnst) w(endt).* »Philister«. Theater heute VI, H. 12, Dezember 1965, S. 49;

II/B/32a *Jacques Lacan.* »Le stade du miroir comme formateur de la fonction du Je«. In: Jacques Lacan. Écrits I. Paris: Éditions du Seuil 1966, S. 89–97;

II/B/32b *D. W. Winnicott.* »Mirror-role of Mother and Family in Child Development«. In: D. W. Winnicott. Playing and Reality. New York: Basic Books, S. 111–118.

Kapitel III/A »Masse und Macht«

III/A/1 »Gespräch mit *Theodor W. Adorno«.* In: Elias Canetti. Die gespaltene Zukunft. München 1972, S. 66–92;

III/A/2 *L. Arenilla.* »Masse et puissance«. Cahiers internationaux de Sociologie XLV, 1968, S. 183–186;

III/A/3 *Dagmar Barnouw.* »Significato e metamorfosi. Il Problema dell'obiettività nelle scienze umane in Canetti e Lévi-Strauss«. In: Nuovi argomenti Sommer 1975 (Canetti Sonderheft), S. 294–331;

III/A/4 *Dagmar Barnouw.* »Elias Canettis poetische Anthropologie«. In: Canetti lesen, S. 11–31;

III/A/5 *Dagmar Barnouw.* »Masse, Macht und Tod im Werk Elias Canettis«. Schillerjahrbuch XIX, 1975, S. 344–388;

III/A/6 *Peter L. Berger/Thomas Luckmann.* Die gesellschaftliche Konstruktion der Wirklichkeit. Frankfurt: Fischer 1969;

III/A/7 *Bruno Bettelheim.* The Informed Heart. Autonomy in a Mass Age. Glencoe, Illinois: The Free Press 1960;

III/A/8 *Karl Heinz Bohrer.* »Der Stoiker und unsere prähistorische Seele. Zu ›Masse und Macht‹«. In: Canetti lesen, S. 61–66;

III/A/9 *Rolf Dieter Brinkmann.* »Masse und Macht«. Westdeutscher Rundfunk, 7. 9. 1967. (Funkms.);

III/A/10 *K. O. L. Burridge.* »Lévi-Strauss and Myth«. In: The Structural Study of Myth, ed. Edmund Leach. Tavistock 1967, S. 91–115;

III/A/11 *Gilles Deleuze/Félix Guattari.* L'Anti-Oedipe. Capitalisme et Schizophrénie. Paris: Les Editions de Minuit 1972;

III/A/11a *Umberto Eco.* Einführung in die Semiotik. München: Fink UTB 1972;

III/A/12 *Ernst Fischer.* »Bemerkungen zu Elias Canettis ›Masse und Macht‹«. Literatur und Kritik I, H. 7, 1966, S. 12–20;

III/A/13 *Ernst Fischer.* Erinnerungen und Reflexionen. Reinbek: Rowohlt 1969;

III/A/14 *Sigmund Freud.* Gesammelte Werke in 18 Bden. London 1940 ff.;

III/A/15 *Wolfgang Hädecke.* »Anmerkungen zu Ernst Fischers Aufsatz über Elias Canettis ›Masse und Macht‹«. Literatur und Kritik II, H. 20, S. 599–610;

III/A/16 *Rudolf Hartung.* »Hinweis auf Elias Canetti«. Neue Deutsche Hefte VII, 1960/61, S. 445–447;

III/A/17 *Paul Havatni.* »Ein großartiger Versuch. Fragment zur Neuauflage von Elias Canettis ›Masse und Macht‹«. Literatur und Kritik IX, 1974, S. 408–417;

III/A/18 *Furio Jesi.* »Composizione e antropologia in Elias Canetti«. In: Nuovi argomenti Sommer 1975 (Canetti Sonderheft);

III/A/19 *Jonathan Ketchum.* »Masse und Macht«. Erasmus XV, Nr. 1/2, 1963, Spalte 2–6;

III/A/20 *Weston La Barre.* The Human Animal. Chicago 1954;

III/A/21 *Weston La Barre.* The Ghost Dance. The Origins of Religion. New York 1970;

III/A/22 *Jacques Leenhardt.* »Masse et puissance«. Annales E.S.C., Nr. 3, 1967, S. 649 f.;

III/A/23 *Claude Lévi-Strauss.* »Structure et herméneutique«. Esprit 11 (Novembre) 1963, S. 596–627 u. S. 628–653;

III/A/24 *Claude Lévi-Strauss.* Strukturale Anthropologie. Frankfurt: Suhrkamp 1967;

III/A/25 *Claude Lévi-Strauss.* Traurige Tropen. Berlin: Kiepenheuer & Witsch 1970;

III/A/26 *Claude Lévi-Strauss.* Das wilde Denken. Frankfurt: Suhrkamp 1968;

III/A/27 *Claude Lévi-Strauss.* Mythologica I. Das Rohe und das Gekochte. Frankfurt: Suhrkamp 1971;

III/A/28 *Claude Lévi-Strauss.* Mythologica II. Vom Honig zur Asche. Frankfurt Suhrkamp 1972;

III/A/29 *Claude Lévi-Strauss.* Mythologica III. Der Ursprung der Tischsitten. Frankfurt: Suhrkamp 1973;

III/A/30 *Kurt Lowenstein.* »Juden in der modernen Massenwelt: II. Elias Canettis ›Masse und Macht‹«. Bulletin für die Mitglieder der ›Gesellschaft der Freunde des Leo Baeck Instituts‹, Nr. 11, September 1960, S. 171–176;

III/A/31 *Edmund Leach.* Claude Lévi-Strauss. New York: Viking 1970;

III/A/32 *Karl Markus Michel.* »Der Intellektuelle und die Masse. Zu zwei Büchern von Elias Canetti«. Neue Rundschau 75, 1964, S. 308–316;

III/A/33 *Iris Murdoch.* »Mass, Might and Myth«. The Spectator, 7. 9. 1962, S. 337 f. (Deutsch: »Masse, Macht und Mythos«. Wort in der Zeit IX, H. 1, 1963, S. 40–43);

III/A/34 *Tom Nairn.* »Crowds and Critics«. New Left Review, Nr. 17, 1962, S. 24–33;

III/A/35 *Robert Neumann.* Ein leichtes Leben. Bericht über mich selbst und Zeitgenossen. München 1963;

III/A/36 *Pierre Nora.* »Un Tocqueville du vingtième siècle«. La Quinzaine littéraire, 15. 4. 1966;

III/A/37 *Idris F. Parry.* »Haltungen gegenüber der Macht. Canetti, Kafka, Massen und Paranoia«. In: Canetti lesen, S. 69–77;

III/A/38 *Jean Piaget.* Le Structuralisme. Paris: Presses Universitaires de France 1968;

III/A/39 *A. R. Radcliffe-Brown.* Structure and Function in Primitive Society. Glencoe, Illinois: The Free Press 1952;

III/A/40 *Hermann Rauschning.* Gespräche mit Hitler. Zürich: Europa Verlag 1940;

III/A/41 *Joachim Schickel.* »Aspekte der Masse, Elemente der Macht. Versuch über Elias Canetti«. Text und Kritik, H. 28 (Elias Canetti), Oktober 1970, S. 9–23;

III/A/42 *Albert Speer.* Erinnerungen. Berlin: Propyläen 1969;

III/A/43 *George Steiner.* »Crowds and Power«. Encounter XIX, Dezember 1962, S. 85–87;

III/A/44 *C. V. Wedgwood.* »The Quest for Power«. Daily Telegraph, 28. 9. 1962.

Kapitel III/B Die Aufzeichnungen

III/B/1 *Dagmar Barnouw.* »Language and Self in the Aphorisms of Elias Canetti«. The Literary Review 17, 1974, S. 479–485;

III/B/2 *Günter Blöcker.* »Aufzeichnungen 1942–1948«. In: *G. B.* Literatur als Teilhabe. Kritische Orientierungen zur literarischen Gegenwart. Berlin 1966, S. 253–257;

III/B/3 *Günther Busch.* »Aufzeichnungen 1942–1948«. Westdeutscher Rundfunk, 22. 11. 1965. (Funkms.);

III/B/4 *Hans Daiber.* »Aufzeichnungen 1942–1948«. Süddeutscher Rundfunk, 12. 9. 1965. (Funkms.);

III/B/5 *Manfred Durzak.* »Alle vergeudete Verehrung«. Die Zeit, 30. 10. 1970;

III/B/6 *Christian Enzensberger.* »Aufzeichnungen 1942–48«. Hessischer Rundfunk, 9. 4. 1965. (Funkms.);

III/B/7 *Martha Glaser.* »Aufzeichnungen 1942–48«. Zeitwende. Die neue Furche XXXVII, 1966, S. 271–273;

III/B/8 *Hansjörg Graf.* »Alle vergeudete Verehrung«. Frankfurter Allgemeine Zeitung, 24. 11. 1970;

III/B/9 *Hansjörg Graf.* »Die Provinz des Menschen«. Westdeutscher Rundfunk, 15. 11. 1973. (Funkms.);

III/B/10 *Joachim Günther.* »Aufzeichnungen 1942–1948«. Neue Deutsche Hefte XII, 1965, H. 106, S. 158–162;

III/B/11 *Joachim Günther.* »Alle vergeudete Verehrung«. Neue Deutsche Hefte XVIII, 1971, H. 129, S. 134–138;

III/B/12 *Joachim Günther.* »Die Provinz des Menschen«. Neue Deutsche Hefte XXI, 1974, H. 141, S. 177–180;

III/B/13 *Peter Handke.* »Aufzeichnungen 1942–1948«. Österreichischer Rundfunk, Studio Graz, 17. 1. 1966. (Funkms.);

III/B/14 *Rudolf Hartung.* »Alle vergeudete Verehrung«. Hessischer Rundfunk, 14. 11. 1970. (Funkms.);

III/B/15 *Rudolf Hartung.* »Die Provinz des Menschen«. Süddeutsche Zeitung, 27./28. 10. 1973;

III/B/16 *Walter Hilsbecher.* »Aufzeichnungen 1942–1948«. Südwestfunk, 25. 7. 1965. (Funkms.);

III/B/17 *Hansres Jacobi.* »Aufzeichnungen 1942–1948«. Neue Zürcher Zeitung, 23. 7. 1965;

III/B/18 *Peter Laemmle.* »Atmender Geist. Zu Elias Canettis Aufzeichnungen 1942–1972«. Merkur XXVIII, 1974, S. 385–388;

III/B/19 *Hans Mayer.* »Die Provinz des Menschen«. Der Spiegel XXVIII, H. 22, 1974, S. 142 u. 144;

III/B/20 *Pierre Pachet.* »Les aphorismes d'Elias Canetti«. Le Quinzaine littéraire 15. 6. 1978;

III/B/21 *Heinz Piontek.* »Alle vergeudete Verehrung«. Wort und Wahrheit XXVI, 1971, S. 382 f.;

III/B/22 *Werner Ross.* »Der Probierdenker«. Die Zeit, 9. 11. 1973;

III/B/23 *Uwe Schweikert.* »Der Weg durch das Labyrinth. Versuch über Elias Canettis Aufzeichnungen«. Neue Rundschau 85, 1974, S. 154–163;

III/B/24 *Uwe Schweikert.* »›Schöne Nester ausgeflogener Wahrheiten‹. Elias Canetti und die aphoristische Tradition«. In: Canetti lesen, S. 77–86;

III/B/26 *Raphael Sorin.* »Elias Canetti: la divine surprise«. Le Monde, 19. 5. 1978;

III/B/27 *Jürgen P. Wallmann.* »Die Provinz des Menschen«. Literatur und Kritik IX, 1974, S. 55 f.;

III/B/28 *Urs Widmer.* »Die Provinz des Menschen«. Frankfurter Allgemeine Zeitung, 9. 10. 1973;

III/B/29 *[Anonyme Rez.].* Times Literary Supplement, 8. 7. 1965, S. 577;

III/B/30 *[Anonyme Rez.].* Times Literary Supplement, 25. 1. 1974, S. 66.

Kapitel III/C »Die Befristeten«

III/C/1 *Dagmar Barnouw.* »Der Stachel des Zweifels«. Literatur und Kritik VII, 1972, S. 285–293;

III/C/2 *Dagmar Barnouw.* »Doubting Death: On Elias Canettis Drama The Deadline«. Mosaic VII/2, 1974, S. 1–23;

III/C/3 *Jürgen Beckelmann.* »›Die Befristeten‹ von Canetti in Berlín«. Frankfurter Rundschau, 24. 4. 1971;

III/C/4 *Manfred Durzak.* »Elias Canettis Weg ins Exil: vom Dialektstück zur philosophischen Parabel«. Literatur und Kritik XI, 1976, S. 455–470;

III/C/5 *Oskar Maurus Fontana.* »Uraufführung von Elias Canettis

›Die Befristeten‹ in der Wiener Josefstadt«. Frankfurter Rundschau, 20. 11. 1967;

III/C/6 *Wolfgang Hädecke*. »Die moralische Quadratur des Zirkels. Das Todesproblem im Werk Elias Canettis.« Text und Kritik, H. 28 (Elias Canetti), Oktober 1970, S. 24–29;

III/C/7 *Wolfgang Kraus*. »Deutschsprachige Erstaufführung von Canettis ›Befristeten‹ in Wien«. Hannoversche Allgemeine, 29. 11. 1967. (Ähnlich in Tages-Anzeiger, Zürich, 29. 11. 1967, u. National-Zeitung, Basel, 30. 11. 1967.);

III/C/8 *Paul Kruntorad*. »Theater. Kritische Rückschau«. Neues Forum XV, H. 169/170, Jan./Feb. 1968, S. 117;

III/C/9 *Hilde Spiel*. »Canetti in Wien. Erstaufführung der ›Befristeten‹«. Frankfurter Allgemeine Zeitung, 24. 11. 1967;

III/C/10 *Reinhard Urbach*. »Der präsumptive Todestag. Bemerkungen zu Elias Canettis ›Die Befristeten‹«. Literatur und Kritik III, 1968, S. 404–408.

Kapitel IV

IV/1 *Annemarie Auer*. »Elias Canettis Essays«. Sinn und Form 29, 1977, S. 31–38;

IV/2 *François Bondy*. »Die Stimmen von Marrakesch«. Neue Zürcher Zeitung, 12. 11. 1968;

IV/3 *François Bondy*. »Canettis Charaktere« (Rez. u. Zitate aus Interview). Die Weltwoche, 26. 6. 1974;

IV/4 *Mechthild Curtius*. »Einkreisung der Wirklichkeit. Die Rolle der extremen Charaktere für Canettis Dichtung«. Literatur und Kritik X, 1975, S. 176–182;

IV/5 *Hans Daiber*. »Elias Canetti: Das Gewissen der Worte«. Deutsche Zeitung, 19. 12. 1975;

IV/6 *Humbert Fink*. »Die Stimmen von Marrakesch«. Bayerischer Rundfunk, 9. 12. 1968. (Funkms.);

IV/7 *Hansjörg Graf*. »Die Stimmen von Marrakesch«. Frankfurter Allgemeine Zeitung, 15. 10. 1968;

IV/8 *Hansjörg Graf*. »Die gespaltene Zukunft« und »Macht und Überleben«. Frankfurter Allgemeine Zeitung, 23. 12. 1972;

IV/9 *Joachim Günther*. »Die Stimmen von Marrakesch«. Neue Deutsche Hefte XV, 1968, H. 120, S. 167–174;

IV/10 *Wolfgang Hädecke*. »Der andere Prozeß«. Literatur und Kritik VI, 1971, S. 46–48;

IV/11 *Wolfgang Hädecke*. »Elias Canetti: Das Gewissen der Worte«. Hamburger Rundfunk, »Das aktuelle Buch«, 27. 7. 1975. (Funkms.);

IV/12 *Rudolf Hartung*. »Ein neues Kafka-Bild. Anmerkungen zu Canettis Essay ›Der andere Prozeß‹«. Text und Kritik, H. 28 (Elias Canetti), Oktober 1970, S. 44–49;

IV/13 *Rudolf Hartung*. »Augenblicke des Glücks in Marrakesch«. In: Canetti lesen, S. 66–69;

IV/14 *Rudolf Hartung.* »Der Ohrenzeuge und andere Charaktere«. In: Canetti lesen, S. 86–90;

IV/15 *Peter von Haselberg.* »Einführung in die Lesung von ›Das Gewissen der Worte‹«. Norddeutscher Rundfunk. »Zum Lesen empfohlen«, 26. 10. 1975. (Funkms.);

IV/16 *Walter Hilsbecher.* »Die Stimmen von Marrakesch«. Frankfurter Hefte XXIV, 1969, S. 208 f.;

IV/17 *Eberhard Horst.* »Die Stimmen von Marrakesch«. Neue Rundschau 79, 1968, S. 724–727;

IV/18 *Hansres Jacobi.* »In der Nachfolge Lichtenbergs und Theophrasts«. Neue Zürcher Zeitung, 30. 8. 1974;

IV/19 *Hansres Jacobi.* »Das Gewissen der Worte. Zu einem Essayband von Elias Canetti«. Neue Zürcher Zeitung, 26./27. 7. 1975;

IV/20 *Karl Kraus.* Briefe an Sidonie Nádhérny von Borutin, ed. Walter Methlagl u. Friedrich Pfäfflin. 2 Bde. München: Kösel 1974;

IV/21 *Eberhard Lämmert.* »Elias Canettis akustische Maskenspiele«. Frankfurter Allgemeine Zeitung, 12. 10. 1974;

IV/22 *Gabriel Laub.* »Der andere Prozeß«. Die Zeit, 13. 2. 1970;

IV/23 *Carl Linfert.* »Canettis Wotruba«. Neue Deutsche Hefte III, 1956/57, S. 693 f.;

IV/24 *Peter von Matt.* »Canetti über Kafka«. Schweizer Monatshefte für Politik, Wirtschaft, Kultur 48, 1968/69, S. 1134–1136;

IV/25 *Idris Parry.* »Elias Canetti. Der Ohrenzeuge«. Times Literary Supplement, 10. 1. 1975;

IV/26 *Uwe Pörksen.* »Der Ohrenzeuge«. Neue Deutsche Hefte XXI, 1974, S. 844–847;

IV/27 *Marcel Reich-Ranicki.* »Die Stimmen von Marrakesch«. Die Zeit, 8. 11. 1968;

IV/28 *Leonhard Reinisch.* »Elias Canetti und seine Kritiker«. (Ohrenzeuge). Merkur XXIX, 1975, S. 884–887;

IV/29 *Werner Ross.* »Der andere Prozeß«. Hessischer Rundfunk, 30. 11. 1969. (Funkms.);

IV/30 *Gerald Stieg.* Der Brenner und die Fackel. Ein Beitrag zur Wirkungsgeschichte von Karl Kraus. Salzburg: Otto Müller 1976 (= Brenner-Studien Bd. III);

IV/31 *Viktor Suchy.* »Die gespaltene Zukunft« und »Macht und Überleben«. Literatur und Kritik VIII, 1973, S. 250 f.

IV/32 *Klaus Völker.* »Canettis Charaktere«. Frankfurter Rundschau, 23. 11. 1974;

IV/33 *Fritz Wotruba.* »Aus persönlichen Aufzeichnungen«. In: Fritz Wotruba. Die Plastik des 20. Jahrhunderts, ed. Marcel Joray. Neuchâtel 1961, S. 115–118;

IV/34 (*Anonyme Rez.* »Stimmen von Marrakesch«) Times Literary Supplement, 31. 10. 1968, S. 1219;

IV/35 (*Anonyme Rez.* »Die gespaltene Zukunft« und »Macht und Überleben«) Times Literary Supplement, 22. 2. 1972, S. 1560.

Kapitel V

V/1 *Dieter Dissinger.* »Erster Versuch einer Rezeptionsgeschichte Canettis am Beispiel seiner Werke ›Die Blendung‹ und ›Masse und Macht‹«. In: Canetti lesen, S. 90–105;

V/2 *Michel Foucault.* Wahnsinn und Gesellschaft. Eine Geschichte des Wahns im Zeitalter der Vernunft. Frankfurt: Suhrkamp 1973;

V/3 *Michel Foucault*: Die Ordnung der Dinge. Eine Archäologie der Humanwissenschaften. Frankfurt: Suhrkamp 1974;

V/4 *Stanislaw Lem.* Summa technologiae. Frankfurt: Insel 1976.

REGISTER

J. B. METZLER

Printed in the United States
By Bookmasters